# 일인칭 가난

그러나 일인분은 아닌

안온 지음

# 프롤로그

내 가난은 뱀딸기 같다. 길모퉁이에서 발견해도 아무도
손을 뻗지 않는, 그런 주제에 빨갛고 통통해서 힐끔거리게
되는. 좀 따서 가져가실래요? 권할 수도 없어서 나와
엄마가 서로의 입에 넣어주었던 그런.

올해로 스물여섯인 나는 2019년까지 20여 년간
기초생활수급자로 살았고, 몇 년 전에 '자발적 탈피'를 했다.
해서 나의 가난은 2000년대의 가난이고, 어리고 젊은
가난이다.

수급자 생활에서는 탈피했지만, 가난을 탈피하지는
못했다는 생각을 가끔 한다. 스무 살부터 시작한 학원강사
일에 이력이 붙어 월 소득은 높아졌으나, 20년간 내
오장육부에 붙은 가난은 쉬이 떨어질 기미가 보이질
않는다. 남들만큼만 돈을 벌면 씻길 줄 알았는데 그렇지가
않다.

타인의 사정을 세심히 헤아리기엔 살아내느라 시간과
여력이 없었고, 빈곤 관련 제도의 부조리와 불평등을
조망하고 비평하기엔 내가 수급자여서 경험한 '배려'와
'낙인'으로부터 한 발 떨어져 있을 수 없어서, 그래서 이
책의 주어는 '가난'이 아니라 '나'다.

내가 늘 '제일' 가난한 것은 아니었다. 부와 빈곤이
수직적 관계이듯, 어떤 빈곤과 그보다 더한 빈곤도
그러하다. 아주 사소한 지점에서 빈곤의 순위는 뒤바뀐다.

그 지점은 가난의 원인이 무엇이냐에 따라, 몇 살에 그런 가난을 경험하느냐에 따라, 비/수급 여부에 따라 달라진다. 특히 수급 여부, 그러니까 "제도권 안에 들어온 사람들하고 들어오지 못한 사람 사이의 차이가 너무 크"다. 기초생활수급자였던 나는 제도권 안에 있었기에 제도권 밖, 즉 수급 밖의 가난이 어떠한지는 멀리서 보고 들었으되 그 사정에 훤하지 못하다. 그래서 '가난'을 주어로 문장을 쓸 때는 심히 망설였지만, 그래도 썼다. 다른 누군가가 이어서 일인칭의 가난을 쓸 테니까. 세상에는 빈곤 계측 모델로는 잡히지 않는 일인칭의 쟁쟁한 목소리들이 필요하다.

부자가 되려는 사람들은 그토록 많은 책을 쓰고 팔고 사는데, 가난이라고 못 팔아먹을까. 더 쓰이고 더 팔려야 할 것은 가난이다.

나의 가난이 과거형이 된다 해도 우리의 가난은 진행형이기에, 이 책은 일인칭으로 쓰였으나 일인분짜리는 아니다. 그런 마음으로 썼다.

2023년 10월
안온                                    ▶▶▶

# 별균우유

방학식 끝나고 17번, 28번은 집에 가지 말고 교무실로 와서 우유 받아 가세요. 17번은 같은 아파트에 사는 키가 작은 남자아이 A였고 28번은 나였다. 우리 둘은 친구들이 다 떠날 때까지 교실에서 시간을 죽이다가 교무실에 갔다.

교무실에는 작년에도 만났던 다른 반 아이들이 나란히
서 있었다. 선생님은 서울우유 멸균 팩 스물네 개가
들어 있는 상자를 두 개씩 나눠줬다. 열한 살이 들기에는
묵직했다. 나는 질긴 비닐로 덮인 우유 팩의 윗부분을
쓰다듬으며 운동장에 아는 얼굴이 한 명도 남아 있지
않을 때까지 교실에 혼자 앉아 있었다. 우유 상자를 들고
언덕배기에 있는 금곡주공아파트로 올라가는 모습을
아무에게도 보여주고 싶지 않았기 때문이다. 그래도
한둘은 집에 가다가 마주쳤다. 한번은 어떤 아이가 물었다.
**왜 너만 우유를 받아?** 나는 정성껏 준비해둔 거짓말을
했다. **반장이어서 다른 애들한테 나눠주는 거 도와줬는데
선생님이 남은 걸 가지고 가라고 주셨어.** 아빠는 그 우유가
참 고소해서 좋다고 했다. 아빠를 위한 우유는 아니었지만.
어쨌든 우윳값이 굳어 엄마의 독박 살림에 보탬이 될 테니
그것으로 족했다. 방학식에 멸균우유 두 상자를 짊어지고
언덕을 오르는 아이. 그것이 내 기억 속 기초생활보장
수급자의 첫 번째 모습이다.

    2년 동안 같은 반이었던 A는 멸균우유 동지였다.
멸균우유를 배급받는 애들의 얼굴은 웬만하면 바뀌지
않았다. 여름이고 겨울이고 우리는 쭉 가난했다. 아빠의
술안주이자 때때로 입이 심심한 나의 간식으로 알뜰히
먹었던 멸균우유는 빈곤가정 인증 마크나 다름없었다.
무겁고 미적지근한 우유에 심술이 난 나는 괜히 A에게
퉁퉁거렸다. **이거 들고 아파트 언덕 올라가는 거 짜증나.**
동조할 줄 알았던 A의 반응이 의외였다. **그럼 나 줘. 우유가**

많으면 할머니가 빈속에 약 드시는 날이 줄어들거든. 나 네 상자도 거뜬히 들 수 있어. 얼굴이 화끈거렸다. 언제든 우유를 넘기라고 똑똑히 말하는 A가 선생님의 손에서 내 우유를 가로챌까 봐 떨렸다. 냉큼 태도를 바꿨다. **무거워서 짜증난다는 거지, 안 받겠다고 한 게 아니야. 그리고 나도 네 상자 들 수 있거든.** 그날은 A가 우유를 안고 가는 뒤에서 나도 우유를 안고 갔다. 이 광경을 본 친구들이 A와 내가 사귀는 거냐며 키득댔지만 아무렴 상관없었다. 나도 이 우유가 꽤 고맙다고 A에게 말하고 싶었는데 결국 하지 못했다.

　많고 많은 음식과 음료 중에 멸균우유를 나눠준 것은 어떤 '배려'였을 것이다. 실온에서 3개월 동안 보관할 수 있고, 복지 대상 아동보다 더 어리거나 소화기관이 약한 고령자도 섭취할 수 있으니까. 그러나 멸균우유를 주는 방식에는 배려가 없었다. 공개적으로 번호를 불리고, 교무실로 가서, 우유를 받아 들고 학교를 나서는 아이들에 대한 배려 말이다. 그래도 요즘엔 배려가 좀 추가되어 우유를 학생에게 직접 주지 않고 택배로 배송해준다고 한다.

무상 우유 급식 지원 과정에서 지원 대상 학생의 신분이 노출되지 않도록 관리 철저.
농림축산식품부, 「2022년도 학교 우유 급식 사업 시행 지침」, 2022.

당시에도 결식아동을 위한 식비 지원 제도가 있었다. 내가 살았던 부산시의 경우 2000년부터 결식 우려가 있는 아동청소년을 대상으로 급식 사업을 실시해왔다. 처음엔 식권을 배부하는 형태였다가 2009년 무렵에 아동급식카드로 바뀌었다. 왜인지 나는 이 제도를 이용하지 못했다. 행정복지센터 담당자와 통화하던

아빠가 식권은 됐고 쌀이나 받으러 가겠다고 말했던 사실만
어렴풋하게 기억날 뿐이다. 나는 성인이 된 후에야 뉴스를
통해 아동급식카드를 알게 됐다. 아이들이 스스로 먹고
싶은 메뉴를 정할 수 있다는 점이 마음에 들었다. 그러나
급식카드로는 과자류, 초콜릿, 사탕, 아이스크림 등
간식이나 탄산음료는 유해 품목으로 분류되어 살 수 없다.
아동급식카드는 내밀기만 하면 식당에서 무료로 음식을
주는 시스템이 아니다. 한 끼에 사용할 수 있는 포인트가
지자체마다 다른데 대부분 8,000원 선이다. 물가를
반영해 오르고 있다지만 8,000원으로 먹을 수 있는 메뉴는
한정적이고, 식당들도 아동급식카드를 그다지 환영하지
않는다. 아직 더 많은 '배려'가 필요하다.

지자체들은 단가를 올리거나 인상을 검토 중이다. 하지만 결식아동 급식 예산은 전액 지자체 부담이어서 재정이 넉넉하지 못한 곳은 인상이 어려워 지역별 지원 금액이 최대 3,000원까지 차이가 나고 있는 실정이다.
「치솟는 물가에 '7,000원' 원 결식아동 밥 먹기 힘겹다」, 『경향신문』, 2022-08-08

기초생활수급자로 사는 동안 나는 다른 형태의
멸균우유들을 받아왔다. 전기요금과 통신요금 일부를
감면받았고, 매달 일반쓰레기 종량제 봉투를 다섯 장씩
지급받았으며, 1인당 5만 원씩 지원된 문화누리카드로
엄마와 가끔 영화를 봤다. 무료 급식, 수학여행비 지원,
대학교 장학금과 생활지원비가 있어서 학업을 이어갈 수
있었다. EBS 교재는 다른 참고서의 반값 정도였고, 개중
수능 연계 교재는 사회적 배려 대상 학생을 위해 과목별로
몇 권씩 학교에 납품되었다. 학생들이 그다지 선호하지
않는 선택 과목의 교재도 항상 여분이 있었다. 나는 이것을
'가난하니까 공짜 교재로 공부해라'라는 값싼 동정이
아니라, '너는 공부할 권리가 당연히 있으니 과목을 잘

고르렴' 하는 부드러운 격려로 느꼈다. 교무실에서 받아 온 것이 멸균우유가 아니라 수능 교재가 되었을 즈음, 나는 그것이 여전히 무거웠지만 짜증이 나지는 않았다. 동시에 가난에 체념한 나머지 이 "작은 선물들"에 순응한 것일지도 모른다는 의심이 스멀스멀 피어올랐다. ▶▶▶

# 진짜와 가짜

자라는 내내 비염과 편도염을 달고 살았던 나는
이비인후과를 자주 드나들었다. 진료비는 1,000원, 약값은
500원이었다. 어렸을 때는 누구나 병원비를 적게 내는
줄 알았다. 초등학교 5학년 때, 지독한 목감기로 골골대던
같은 반 친구가 **우리 엄마가 병원비 많이 나오니까 나보고
빨리 나으래**, 라고 서운해하는 말에 **그냥 병원 가. 병원비
얼마 한다고**, 라고 대꾸한 적이 있다. 그 바람에 우리 집이
잘산다는 소문이 난 듯했지만 정작 나는 장염에 걸린
배를 부여잡고 주머니에 1,700원이 있는지 확인해야
했다. 당시 버스비가 편도 200원, 병원 진료비와 약 값은
1,500원이었으니까 버스를 타고 병원에 가서 약을 타 먹고
걸어서 돌아오면 되겠다는 계산이었다. 집으로 가는 길에
나는 간헐적인 복통에 주저앉으며 꾸역꾸역 세 시간을
걸었다. 그렇지만 3일치 약을 처방받은 덕에 다음 날에는
한결 나은 몸으로 등교할 수 있었다.

의료비 지원은 기초생활보장 수급자를 비롯한 빈곤
계층에게 절대적으로 필요한 정책이다. "세금이나
사회보험에 의해 재원이 뒷받침되는 보건의료 체계…

에서는 원칙적으로 지불 능력과 상관없이 모든 사람이 동등한 치료를 받을 수 있다. 이런 원칙은 부자들로부터 (건강 상태가 좋지 않은) 가난한 사람들에게로 부를 재분배하는 기능을 하며, 공공 병원과 클리닉(의원)을 계급 사회 속에서 비교적 계급 격차가 적은 몇 안 되는 공간으로 만"들기 때문이다. 의료 민영화를 주장하는 이들은 의료급여가 1종과 2종으로 나뉜다는 사실을 알고 있을까. 의료의 공급과 수요를 모두 민간으로 돌리는 것은 국민을 보호해야 하는 국가의 의무를 저버리는 행위가 아닐까. 의료 공급이 이미 상당히 민영화되어 있으니 그것을 못 박아두자는 것이지 수요까지 민영화하자는 뜻이 아니라는 물 타기는 비겁하다. 공급 체계가 민영화되면 수요 체계에도 영향을 미칠 것이 뻔하다. 의료급여 체계가 놓치는 사람들이 지금도 많다. 의료급여 1종은 생계급여와 마찬가지로 부양의무자 기준이 남아 있어서 가족관계

소득인정액이 기준중위소득 40퍼센트 이하에 해당하더라도

해체 사실을 수급을 요하는 사람이 직접 증명해야 한다.

부양의무자기준 등의 이유로 의료급여를 받지 못하고 있는

국민이 건강할 권리를 각자도생에 내맡긴 미국을 보면

비수급 빈곤층은 약 73만 명에 달한다.

한숨이 나온다. 뉴욕의 편의점에서는 셀프 치아 레진까지

「의료급여 못 받는 빈곤층 약 73만 명, '3퍼센트'로 관리되는 수급률」, 『비마이너』, 2022년 1월 17일.

판매한다. 웬만하면 편의점 약으로 때우라는 그 뜻이 충치보다 시리다.


의료급여 1종 수급자에 대한 병원의 태도는 미묘하다. 돈이 되는 비급여 진료를 안 받아서였을까. 어린 나를 보는 눈빛은 평이했으나, 할머니 또 오셨네, 할아버지 이제 가세요 같은 말에 수반되던 시선은 냉랭했다.

노골적인 냉대와 마뜩잖은 동정의 눈빛은 한번 겪으면
잊기 힘들다. 나는 그 눈빛이 어리는 전조를 파악할 수
있는 어른으로 자랐다. 눈빛은 미간에서 시작했다. 억지로
웃는 입꼬리로는 숨길 수 없는 가난에 대한 혐오가 서린
미간. 눈이 먼 아빠를 부축해 행정복지센터에 가는 날마다
진지함을 가장한 그 미간을 보았다. 직원은 초등학생인
나를 자기 자리 앞에 세워두고 질문했다. 아버지가 진짜 눈이
안 보이는 게 맞지? 어머니가 진짜 교통사고 때문에 정규직으로
일하지 못하시는 것도? 지난달에 행정복지센터에서 받은 쌀은
진짜 네가 먹었고? 너 진짜 이 집에서 사는 거 맞지, 그치?
그들은 내게 진짜가 맞느냐고 되풀이해서 물었다. 가난이
'진짜'가 아닐 수가 있나. '가짜' 가난을 만나면 따지고 싶다.
할 짓이 없어서 가난을 도둑질하느냐고, 하다하다 가난마저
진정성 배틀을 붙이는 거냐고.

원한 적 없는 가짜 동정이 모르는 손길과 함께 느닷없이
찾아오기도 했다. 친구들과 주공아파트 놀이터에서
소꿉놀이를 하고 있던 어느 날, 스피커 소리가
쩌렁쩌렁하게 울려 아파트 대로변으로 나갔다. 곧 트럭 한
대가 우리 앞에 서더니 남자 두어 명과 박근혜가 내렸다.
그는 덥석 내 손을 잡고 흔들며 밝게 자라는 아이여서
고맙다고 했다. 이후로도 종종 자신을 정치하는 아저씨라고
소개하는 사람들이 다가와 내 머리를 함부로 쓰다듬고는
했다. 지금도 나는 재해 지역이나 쪽방촌에서 생수며
연탄, 반찬 등을 나르는 정치인들의 사진을 보면 끔찍하다.

새것이어서 유난히 빨간 목장갑과 일부러 묻힌 듯 재가
거뭇거뭇한 기름진 얼굴들. 그들이 동정마저 전시하는
동안 가난한 이들이 죽고 더 가난한 이들이 태어난다.  ▶▶▶

# 주공의 공주 1: 화명주공아파트에서

2000년대 초반 부산에서 가장 큰 주공아파트 단지였던
화명주공아파트는 사상공업단지에서 일하며 나중에 더
좋은 집으로 이사할 미래를 그리는 가정과 기초생활보장
수급자 가정을 비롯한 차상위 계층이 한 층에 사는
곳이었다. 이곳 주민들의 민심을 사고자 하는 정치인들의
전략은 두 가지로 나뉘었다. 아파트를 자가로 소유한 이들을
향해서는 재개발을 외쳤고 임차인들에게는 주거 소외
계층을 위한 구제책을 제시했다. 어렸던 나는 재개발이
무슨 뜻인지 몰라 엄마에게 물었다. **재개발이 뭐야?** 엄마는
심드렁하고 간단하게 설명해줬다. **낡은 아파트를 허물고
새 아파트를 짓는 거야.** 뭔가 희망적인 미래를 암시하는
말이었다. **그럼 좋은 거네?** 내가 머릿속 '좋은 말' 서랍의
손잡이를 당기려는데, 엄마가 아까보다 더 심드렁하게
답했다. **좋은 거지. 그런데 우리한텐 안 좋아.** 나는 재빨리
'나쁜 말' 서랍을 열어 '재개발'이라는 단어를 넣었다.

친가에서 지내다 할머니가 돌아가신 네 살 반에 엄마,
아빠를 따라 화명주공 38동 302호로 왔다. 302호는
작디작아서 신발장 바로 앞이 주방이었다. 주방 옆은 큰방
겸 거실이었고, 작게 딸린 작은방을 내 방이라고 말한
엄마가 예쁜 이불과 책상을 마련해줬다. 거기에서 한글을

깨쳤다. 형편이 고만고만한 친구들과 비디오 가게에서
「하얀마음 백구」나 「라이온 킹」을 빌려 봤다. 그 친구들이
하나둘 새로 생긴 수정마을로 이사 갈 때 나는 같은 단지
17동으로 이사를 했다. 언덕 경사가 훨씬 심한 동이었다. 그
뒤로는 친구들을 절대 집으로 초대하지 않았다. **부모님이
엄해서 집에 누굴 데리고 오는 걸 싫어해**, 가 내 단골
대사였다.

주거빈곤가구 아동은 '친구를 집에 초대해본 적이 없다'고 응답한 비율이 66.9퍼센트였다. 일반가구 아동의 36.2퍼센트와 큰 차이가 난다. 친구들과 어울려 놀고 싶어도 열악한 주거환경 때문에 이뤄질 수 없는 희망사항으로 남는 현실이다. 「어릴 때부터 배워가는 '사는 집'의 계급」, 「경향신문」, 2019-06-15

　　주공아파트의 겨울은 재난이었다. 수도관 동파나
결로, 웃풍, 난방비 등 걱정할 것이 너무 많았다. 기름 반
드럼으로 겨울을 나기 위해서는 보일러 온수를 포기해야
했다. 가스불로 물을 끓여 찬물에 섞어서 씻었다. 머리를
감으려고 한껏 쪼그려 앉아 허리를 숙이면 엄마가 미지근한
물을 머리 위로 부어줬다. 오래 수그리고 있으면 뒷목부터
등허리까지 뻐근해져 대충 감기 일쑤였다. 머리에서는
김이 피어올랐지만 발가락은 깨질 듯 시렸다. 씻고
나왔는데 아빠가 술에 취해 있지 않으면 함께 텔레비전을
봤다. 천막에서 살며 영양실조의 위협을 겪는 아프리카
아이들을 도와달라는 유니세프 광고가 간혹 지나갔다.
그러면 불편한 안도감이 찾아왔다. **우린 따뜻한 물이라도
쓸 수 있는데.** 내가 딱하다는 듯 말했더니, 아빠가 맞장구를
쳤다. **맞다, 우리는 가난한 거 아니다.**

　　등하굣길에 행색이 남루하고 어딘가 행동이 어눌한
이들을 자주 마주쳤다. 연탄 한 장과 소주 두 병이 담겼을
것으로 추정되는 검정 비닐봉지를 들고 비틀거리는 늙은
남자들이 많았다. 저녁이 되면 가까운 곳에서 죽네 사네

하는 성마른 목소리들이 들려왔다. 어떤 할머니는 38동 앞 허름한 평상 아래 박카스 상자에 새끼 고양이를 넣고 입구를 닫았다. 야옹거리는 소리에 놀란 엄마가 고양이를 풀어주었는데, 휘적휘적 걸어가는 고양이를 무시하고 오토바이가 혹 지나갔다. 지금도 엄마는 내가 키우는 고양이 단이를 쓰다듬으며 박카스 고양이 이야기를 꺼낸다. 그때 내가 영물을 죽게 해서 우리가 그렇게까지 힘들었던 거 아닐까.

못 볼 꼴도 많이 보여주었지만, 화명주공은 예쁜 나무와 풀, 꽃을 내주었다. 봄에는 애기똥풀이 지천에 피었다. 여름에는 접시꽃이 곳곳에 펼쳐졌고, 가을에는 노란 은행나무 아래를 한참 걸을 수 있었다. 나는 17동 근처의 신애약국 옆에 있는 아름드리 은행나무에 반했다. 동네와 어울리지 않게 줄기가 곧고 굵었으며 은행 열매가 주렁주렁 열리는 풍성한 나무였다. 풍요의 상징 같았다. 언젠가 그 나무 아래에서 특이하게 생긴 보라색 돌을 주운 적이 있었다. 엄마는 자수정 같다고 했다. 자수정이라는 말이 고급스럽게 느껴졌다. 이 은행나무처럼 커서 자수정으로 현관을 꾸미는 어른이 되어야지. 유치한 포부를 품은 채 나는 화명주공아파트에서 열한 살을 맞았다.

어느 날부턴가 은행잎보다 샛노란 카메라를 들고 반소매 셔츠를 입은 남자들이 아파트 단지 여기저기를 돌아다니기 시작했다. 그들은 땅에 눈금을 긋거나 16동과 17동 사이의 간격을 쟀다. 놀이터에서 노는 우리에게 비키라고 하더니 자기들끼리 심각하게 이야기를 주고받기도 했다. 측량, 지반, 단지, 재개발, 벌목, 주차장 같은 단어가 자주 오르내렸는데, 단연코 튀는 말은 재개발이었다. '나쁜 말' 서랍이 들썩거렸다. 친구들이 더 많이 이사를 갔다. 아빠가 요리사인 친구 B는 해운대 쪽 반송주공아파트로 간다고 했고, C는 동원아파트로 이사하게 돼 설렌다고 했다. 친구들 소식을 전하자 엄마는 대번에 계산이 섰다. **반송이나 화명이나 거기서 거기지. 동원은 45년 거치 대출로 가는 거겠고. 그래도 직업이 번듯하니까 대출이 나오네. 부러워라.**

　　우리 집도 이사를 준비했다. 이사 전날, 나는 신애약국 은행나무 옆에서 서성댔다. 갈라진 줄기를 쓰다듬었다가 자수정이 또 없나 바닥을 헤집어보기도 했다. 한참 청승을 떨다가, 날 버티게 해준 우람한 줄기를 톡톡 두드리며 짧은 인사를 남겼다. **안녕.** 친한 친구들과 눈물의 작별을 하고 돌아와 엄마에게 물었다. **또 주공이야?** 그랬다, 우리 집은 화명주공에서 버스로 30분이면 도착하는 금곡주공아파트로 갈 예정이었다.

엄마는 화명주공에서 신혼을 보내고 금곡주공으로 가는 것이었다. 외할아버지는 금곡주공에서 돌아가실 때까지 사셨다. 3대인 나는 다섯 살부터 대학교 기숙사에 들어가기 직전까지 화명주공과 금곡주공에서 자랐다. 우린 뼈대 있는 주공의 가문이었다.　　　　　　　　　▶▶▶

주공의 공주 2: 금곡주공아파트에서

새로 이사를 온 금곡주공아파트는 복도식이었다. 나는 이웃과 부딪히는 게 껄끄러웠다. 더 정확히는 알코올중독인 아빠랑 사는 것이 껄끄러웠다. 아빠는 간헐적으로 심각한 중독 증세를 보였는데 그때마다 아파트 복도로 나가 "내가 안온 애비"라는 식으로 고래고래 소리를 질렀다. 나나 엄마를 창피하게 만들면 엄마가 숨겨놨던 돈을 내어줄 것이고, 그 돈으로 술을 사 먹을 수 있기 때문이었다. 아파트 단지 내에 있던 샛별문구 옆 작은 슈퍼나 왕마트에 나는 쉽게 갈 수 없었다. 보나마나 아빠가 외상을 달아놨을 게 뻔했다. 슈퍼 사장님들이 내가 아빠 딸인 걸 알았다. 창피했다.

그 무렵 나는 내가 주공아파트에 갇힌 공주라고 상상했다. 백만장자인 나의 진짜 부모님이 날 애타게 찾는 중이거나 시험하는 중이고, 버티고 있으면 날 데리고 이곳을 떠날 것이라고 말이다. 찢어지게 가난한 할아버지와 함께 살던 야나도 비슷한 생각을 하고 있었다. "어쩌면 내가 다른 나라나 은하에 살고 있는지도 모를 일이다. 내 말은 내가 이 세상과 복사판인 다른 세상에 몸을 두고 있을 수도 있다는 것이다. 그리고 끊임없이 내 자신을 찾고, 세상살이에 대해 수다를 떨고 싶은 호기심에 쫓겨, 이곳을 찾아왔을지도 모르는 것이다." 살기가 버거운 사람들의 세계가 찢어지는 것이 법칙이라도 되나. 여기를 뜰 상상에 들뜨다가도 현실의 엄마가 마음에 걸렸다. 엄마도 같이 가자고 해야지. 초등학생다운 망상을 하다가 현실이 버거워서 상상을 묻어두는 중학생이 됐다. 나는 자랐지만, 아빠는 여전히 술에 취해 행패를 부리다 지쳐 잠드는 인간이었다.

아빠는 전세금 일부를 헐어서 써버리기도 하는 인간이었기 때문에, 우리 집은 같은 단지의 다른 세대로 이사해 월세살이를 시작했다. 엄마는 금곡주공이 재개발이 안 돼서 다행이라고 했다. 이사 당일 아빠는 덕천동에 있는 단골 술집에 출근 도장을 찍으러 나갔다. 엄마와 단둘이 이사를 했는데 비까지 추적추적 내려서 싱숭생숭했다. 도어록 비밀번호를 아빠에게 알려주지 말자는 말이 튀어나왔다. 엄마가 쌀쌀맞은 목소리로 말했다. 그 인간 눈도 잘 안 보이면서 귀신같이 찾아올걸. 그러곤 날 지그시 쳐다보며 당부했다. 너는 입으로라도 죄 짓지 말아. 아빠에 대해 가혹한 소리를 할 때마다 엄마는 나중에 후회할 수 있다며 말렸는데, 아빠의 장례식을 치르면서도 나는 내가 한 말들을 후회하지 않았다.

사춘기인데다 아빠의 상태도 심각해서였는지 금곡주공 3단지에는 그다지 좋은 기억이 없다. 떠오르는 거라고는, 중학생 때 사귀던 남자친구가 날 데려다주며 와, 여긴 변한 게 없네. 우리 집 못살았을 때 나도 여기서 잠깐 살았는데, 라고 말하는 바람에 헤어질 결심을 했던 것이나 고등학생 때 성범죄자 알림e 문자가 수시로 와서 금곡주공에 사는 애들끼리 야간자율학습을 째자고 모의했던 것 정도다.

주공아파트는 우리 가족이 구할 수 있는 몇 안 되는 거주지 중에 하나였는데, 화명과 금곡을 합쳐 15년을 사는 동안 주공아파트에 산다는 사실이 나에게도, 남에게도

불쾌할 수 있다는 것을 알았다. 나는 주공아파트 몇 동에
산다고 아무렇지 않게 말할 수 없었다. 타인에게 내가
어떻게 비칠지 강박적으로 체크하는 기질 탓도 있었겠으나,
주로 상황이 내 입을 막았다. 엄마가 영혼을 끌어모아
보내준 학원의 승합차 안에서 친구들은 브랜드 아파트의
커뮤니티 생활로 수다를 떨었다. 아파트 헬스장에 다니는
엄마, 친해진 옆 동 가족과 여행을 가자고 하는 아빠가 주로
등장했다. 나도 건성으로 고개를 끄덕이며 그런 엄마를 둔
척, 그런 가족 여행을 가본 척했다. 그렇지 않으면 대화에
낄 수 없었다. 처음부터 가면을 썼던 것은 아니다. 초등학생
시절 다니던 영어학원에서 화명주공에 산다고 말했다가
친구들의 애매모호한 반응을 마주한 적이 있었다. 뒷맛이
찝찝했다. 귀가하는 학원 차 안, 나와 같은 곳에서 내리던
아이가 한수 가르쳐줬다. **나도 화명주공 살지만, 화명동에서
주공 산다고 하면 사람들이 우습게 본대.** 그 뒤로 자진해서
내가 사는 곳을 밝힌 적은 별로 없었다.

    같은 금곡주공에 살았어도 복도 가장 끝 호에 사는
아이들은 곧 탈출할 애들이었다. 끝 호에는 방이 하나 더
있었고, 그 평수에 사는 이들은 대체로 1년을 넘기지 않고
주공을 떠났다. 오래도록 남게 된 아이들은 고통의 서열을
셈하는 데에 점점 능숙해지고 익숙해졌다. 전세 사는
아이가 월세 사는 아이를 깔봤고, 아파트 평수로 최고의
상태와 최악의 처지를 따졌다. 악한 어른이 아이들을
조종한 결과가 아니었다. 주위의 평범한 어른들을 보며
자연히 터득한 아이들 나름의 '지혜'였다. 몇 년 후 성인이

되어 '휴거'('휴먼시아 거지'의 준말. LH 공공임대아파트

휴먼시아 거주자에 대한 멸시이자 '거지'로 멸칭되는

빈곤층에 대한 낙인과 혐오를 동시에 드러내는 표현이

아닐 수 없다)라는 말이 아이들 사이에서 유행한다는

기사를 읽었을 때, 임대아파트 주민들의 출입구가 따로

있다는 사실을 알게 됐을 때, 나는 죄책감을 느꼈다. 혐오가

탄생하는 데 일조한 것 같아서. 이 죄책감이 모두의 것이 될

때쯤엔 세상이 바뀔까. 나는 회의적이다.                    ▷▷▷

2006년 주공아파트에 새로운 브랜드명을 도입했지만,
이를 비하하는 표현이 생겨났다. 2009년 당시
이지송 LH 사장조차 '가난한 사람들이 사는 아파트로
낙인찍혔다'며 탄식할 정도였다.
「임대주택 사는 개, '캐슬' 사는 우리 애랑 같은 길로 못 다녀」, 「연합뉴스」, 2018-11-25

# 개척 용

금곡주공으로 이사를 오고부터 공부를 더 잘해야 한다는 압박감이 생겼다. 가난에서 벗어나려면 돈이 필요하고, 돈을 잘 벌려면 학력이 높아야 한다고 믿었다. 나를 위해 나보다 더 가난하게 사는 엄마를 건사하려면 2인분의 생활비는 너끈히 벌어야 하고, 알코올중독자인 아빠를 입원이라도 시키려면 3인분 이상의 돈이 수중에 있어야 했다. 뭐가 될지는 모르겠지만 고학력이 살 길인 것 같았다. 대학에 진학해야 한다고 떠미는 사람이 없었는데도 그랬다. 엄마도 날 닦달하지 않았다. 오히려 시험 기간에 밤을 새우는 내게 공부 그만하고 제발 일찍 자라고 잔소리를 했다.

집안 사정 때문에 무언가를 끝까지 배워본 적 없는 것이 한이었는지, 깨달음이었는지, 엄마는 형편없는 생활비를 쪼개 나를 학원에 보냈다. 내가 피아노 조금, 검도 잠깐, 수영 짧게, 종합학원은 좀 길게 경험할 수 있었던 것은 엄마가 허리띠를 졸라맨 덕이었다. 30대 초반에 엄마는 갖은 아르바이트를 해서 내 학원비를 벌었다.

영어가 정식 교과에 포함되는 초등학교 3학년이 되자
윤선생영어교실에 등록해주었다. 이후엔 원어민이 있는
고급 영어 회화 학원에도 반년쯤 보내주었다. 세 식구의
생활비는 수급비로 충당하고, 엄마가 버는 월급의 상당액이
나의 학원비로 쓰였다. 엄마는 나를 긁지 않은 복권이라고
생각했던 걸까? 아니면 엄마의 결핍을 채워보려는
악다구니였을까? 나중에 들어보니 최루성 사연은 전혀
없었다. 그냥 별나게 기억력이 좋은 자식에게 쏟아지는
주위의 잔잔한 시기심과 지나친 관심에 엄마의 자존심이
반응한 결과였다.

정부가 소득 지원을 더 해주면 어디에 쓰겠느냐고
혜영 씨에게 물었다. 그의 대답은 '아들 학원비'로 쓰겠다'였다.
권기석 외, 「매일 같은 밥을 먹는 사람들」, 북콤마, 2022, 70쪽.

　　책을 사거나 학원에 다니면 '진짜 가난'한 것은
아니라고 따지는 사람이 있을 것을 안다. 하루 벌어
하루 먹는 것이 힘에 부치는 가난이 있다는 사실도
안다. 그렇다고 내가 엄마의 삶과 몸과 시간을 먹어
치우며 학원을 다닌 2000년대에도 여전히 가난의
탈출구가 '교육'이었다는 점이 '가짜'가 되는 것은 아니다.
기초생활보장 수급비를 받는 우리 집의 유일한 잉여는
교통사고 후유증으로 무릎이 아작 난 엄마로부터만 나왔다.
엄마는 돈 안 버는 나와 눈도 안 보이고 돈도 못 벌며 술도
마시는 아빠 중에 나를 잉여의 수혜자로 택해 학원에
보냈다. 이것을 기초생활수급비를 계속 받을 수 있는
선에서만 임노동을 했던 엄마가 벌인 국가 복지에 대한
기만이라고 할 수 있을까. 만약 누군가 그렇다고 한다면
달게 받아들이겠다.
　　수급비를 받아 생활하는 사람들은 늘 딜레마에

빠진다. 수급비는 생활의 최저 수준을 가정한다. 이보다 더 가난하지 않으려면 일을 해야 한다. 그런데 일정 금액 이상의 수입이 생기면 수급비가 낮아지고, 그러면 보탬이 되던 월급은 줄어든 수급비를 채우는 수단이 되어버려 결국 생활의 수준이 빠르게 떨어진다. 엄마는 수급비를 받지 않아도 되니 돈을 더 벌길 원했지만, 교통사고를 당한 경력단절 여성에게 허락되는 일이 거의 없었다. 내 눈에 엄마의 노동은 엄마의 팔꿈치나 무릎 그 자체로 보였다. 그런 엄마의 뼈를 갈아 넣은 시간 속에서 나는 부지런해야 했다.

내게 공부는 가성비 좋은 행위였다. 적어도 공부를 하는 동안은 가난한 나와 가난하지 않은 남들 사이에 놓였던 벽이 사라지는 기분이 들었다. 타고난 암기력 덕분에 들이는 노력에 비해 결과가 좋은 편이기도 했다. 공부도 재능이라면, 이 재능은 내가 다른 데에 한눈을 팔지 않고 학생이라는 신분을 유지할 수 있었던 커다란 원동력이었다. 더군다나 내가 받는 이런저런 국가 지원의 명목이 '우수한 학업 성적'인 것이 만족스러웠다. 가구 소득이 대한민국 평균에 한참을 못 미치는 기초생활보장 수급자 부모의 자녀여서가 아니라, 장차 이 나라를 이끌 훌륭한 재목이자 사회에 득이 될 인재여서 받는 것이라고 생각할 수 있었다. 아직 훌륭하지도 득이 되지도 않지만, 그렇게 될 예정이니까 그 값을 당겨서 쓰는 것이라고 합리화하곤 했다. 사라져가는 개천 용 신화의 마지막 사례가 있다면, 그것은 항상 나일 것이라고 믿었다. 내가 용이 된다면 내 가난도 신화가 될 것이었다.

# 킬링필드

우리 집이 기초생활수급자가 된 것은 2003년이나 2004년이었다. 한국의 수급제도는 기본적으로 '신청주의'에다 '가구' 단위이기 때문에, 엄마나 아빠가 직접 동 주민센터로 가서 3인 가구 최저생계비를 못 벌고 있음을 증명했을 것이다.

수급 대상이 될 수 있을지를 따져보는 최저생계비 계산 방식은 굉장히 복잡하고 야박하다. 쥐꼬리만 한 액수가 적힌 월급 명세서 몇 개월 치 외에도 증명해야 할 것이 많다. 해당 가구가 가진 전세 보증금, 자동차, 저축 금액, 친척에게서 매월 보조받는 돈 등 '재산'을 소득으로 환산해 계산된다. 재산 명목에 따라 각각 공제되는 비율이 다른데, 자동차는 100퍼센트 소득으로 인정되어 문제다. 쿠팡플렉스처럼 자차로 배송하며 생계를 유지하는 경우에는 그나마 차량가액의 50퍼센트가 재산으로 인정되는데, 워낙 자동차가 비싼 재산이다 보니 월 최저생계비를 넘겨 수급자에서 '탈락'하는 사람이 적지 않은지 온라인상에 "기초생활수급자 탈락 조건을 피해서 자동차 사는 법" 같은 포스트가 올라와 있기도 하다. '감히' 자동차까지 소유한 집은 수급자가 될 수 없다. 한국 정부는 그것을 용납하지 않는다.

2003년 기초생활수급자에 '합격'할 수 있는 3인 가구의 월 최저생계비는 81만 원이었다. 아빠는 노동 능력이 없었고 엄마는 단기 아르바이트를 쉬지 않고

여전히 저소득층의 승용차 보유를 용납하지 않고. … 정부가 수급자의 생활양식에 대한 통제를 여전히 가하고 있음을 지적하지 않을 수 없다.
문혜진, 「기초생활보장제도, 전진인가 후퇴인가」, 『복지동향』 2003년 2월 호.

했는데, 엄마의 노동 소득이 최저생계비를 넘었다면
수급자에서 '탈락'했을 것이다. 그 이하의 노동 소득이
기초수급 가구에 100퍼센트 '추가' 소득이 되는 것도 아니다.
정해진 공제 비율에 따라 적지 않은 액수가 기초생활
급여에서 차감되기 때문이다. 수급자 가구의 마음은
복잡해진다. 어정쩡하게 수급 기준을 넘는 일자리를 얻어
수급자에서 '탈락'하면, 기초생활 급여에서 차감은 되지만
적게나마 보탬이 되었던 수준의 벌이를 할 때보다 한 달
가용 생활비가 적어지기 때문이다.

　2022년 청년 수급자를 대상으로 한 「뉴스타파」의 탐사
보도가 이러한 현실을 적나라하게 보여준다. 공제 대상이
되는 40만 원 이상의 일자리는 구하지 않는 편이 낫고, 혹
버젓한 아르바이트 소득이 생기면 가족의 수급권을 잃게 할
수 있기 때문에 '몰래바이트'를 하는 상황에 이르게 된다.

<sup>이 사회복지사는 수급자들의 근로소득 공제율이 낮은 것이 가장<br>큰 문제라고 지적했다. 현행 30퍼센트 수준의 공제율로는 청년<br>수급자들의 근로 의욕을 북돋기에 역부족이라는 것이다.<br>「나는 청년 수급자입니다… 그들이 '몰래바이트'하는 이유」, 「뉴스타파」, 2022년 6월 28일.</sup>

　기초수급생활 대상자는 전 국민의 2.4퍼센트로
추산된다. 수급자가 되기를 누구보다 원하지만 연락이 닿지
않는 딸의 남편이 고소득자여서, 어디에 사는지도 모르는
아들의 소득이 잡혀서 수급자의 '자격'을 충족하지 못한
차상위계층의 삶은 경우에 따라 수급자의 삶보다 훨씬
고단할 수 있다.

　한편, 이런 식으로 가난을 '수급'이라는 제도적
관점으로만 바라보면 시야가 좁아진다. "가난한 사람이
공공부조의 수급자로 구획되면서 가난은 특정한 양식과
문법 안에 고이고" 말기 때문이다. "빈곤이 '우리의
삶'에서 '저들의 문제'로 고립되면서 취약계층에 대한

관심을 호소하는 메시지가 빈곤을 끝장내자는 결의를
압도해"버리는 것이다.

공선옥이 쓴 「가리봉 연가」에서 열여덟에 혼자가 된
경수는 말한다. "아버지는 술을 너무 많이 마셔요.
그래서 간이 탈나버린 거예요. 어머니요? 아버지 땜에
농약 마셔버렸어요. 제초제요. 아버지와 어머니는
희망이 없었던 거예요. 삶에 대한 희망이요. … 여긴
죽음의 땅이에요. 왜냐면, 나라에서 돌봐주지 않잖아요.
킬링필드라고 아시죠. 바로 그거라구요. 죽지 못해 사니까
죽은 거나 마찬가지잖아요. 여긴 맨날 그런 사람들만
산다구요."
　　나도 술을 너무 많이 마시는 아버지가 있었다. 내게도
농약을 마시고 자살한 할머니가 있었다. 한 가지, 경수보다
내가 운이 좋았다고 말할 수 있다면 "나라에서 돌봐준"
수급자라는 사실일까. 수급자였던 것을 행운이라고 말해야
하는 이곳은 킬링필드다.　　　　　　　　　　　　　▶▶▶

# 최소 비용, 최대 효과

스무 살 무렵, 마블의 세계관에 빠져 있던 나는 평행세계의 나를 자주 상상했다. 굳이 국립대를 선택하지 않은 나, 문예창작과에 입학한 나, 할아버지가 세를 놓는 오피스텔에 공짜로 사는 나, 그래서 온라인 쇼핑몰에서 9만 원짜리 식탁을 턱턱 사는 나….

　　나는 늘 선택을 계산했다. 플랜 B는 물론이고 플랜 C도 세웠다. 플랜을 짜는 원칙은 '가성비'였다. 가장 적은 비용으로 가장 확실하게 생존할 수 있는 방법을 찾아내고야 말았다. 그러다 보니 평행세계의 나와 이 세계의 나 사이에는 간극이 컸다.

대학 입학 전부터 엄마와 나는 냉전 상태였다. 기껏 합격해둔 부산의 한 사범대학을 뒤로하고 굳이 대구에 있는 대학교를 가겠다는 딸이 못마땅했던 엄마는 자주 성질을 냈다. 그 마음이 나와 떨어진다는 불안에서 기인한다는 사실이야 솜털로도 감지할 수 있었지만, 나는 나대로 가족의 굴레에서 벗어나고 싶었다. 어쩌면 엄마는 내가 국어교육과를 가지 않고 국어국문과를 선택한 것이 불만이었을지도 모른다. 교사라는 안정적인 직업을 가져도 아빠의 밀린 술값을 다 갚을 수 없는 판에, 열아홉 살의 나는 아주 낭만적인 문장을 날렸다. **작가가 되고 싶어.** 엄마는 제발 꿈으로 남겨두라고 말렸지만, 나는 몰래 휴대전화 번호를 바꿔버렸다. 부산의 사범대학 예비 1번 합격 전화를 받지 않기 위해서였다.

　　작전은 성공해 나는 대구 K대학 국어국문과에 장학생으로 입학했다. 서울에 있는 S대학 문예창작과에도 1차 합격했지만, 국어교육과 대신 국어국문과를 택했으니 국립대라는 가성비는 지켜야 했다. 학교와 엄마에게는 S대 문예창작과를 1차에서 떨어졌다고 속였다. 문예창작과가 1지망이었지만 국립대도 플랜 A에 속했다. 우선순위의 기준은 욕망이 아니라 실현 가능성이었다.

　　글밥을 짓는 사람이고 싶었고, 글을 쓰지 않는 삶은

그려본 적도 없었지만, 대학에 와서 글을 쓰는 시간은 극히 적었다. 장학금을 4년 내내 받으려면 일정 점수 이상의 학점을 유지하는 성실성이 요구됐는데, 생활비를 직접 벌어야 하는 사정은 양해되지 않았다. 나는 작가 지망생이기 전에 장학생이었고, 장학생이기 전에 아르바이트 노동자였다.

아르바이트 하나로는 생활이 불가능했다. 한 달에 많아야 30만 원을 벌 텐데, 이 돈에서 10퍼센트씩은 계절학기 기숙사비로 떼어놓고, 휴대전화 통신비 3만 3,000원(이마저도 기초생활보장 수급자에게 통신비가 감면되어 감당할 수 있었다), 학교-아르바이트 매장을 오가는 교통비, 새내기랍시고 자주 불려가는 술자리 2차 비용(1차는 선배들이 냈다), 불결하고 맛없는 기숙사 식단 대신 먹고 싶은 것을 어쩌다 한 번 먹을 비용까지 따지면 30만 원은 턱없이 부족했다. 그래서 최소 두 개, 최대 네 개의 아르바이트를 했다. 장학금 성적 기준은 4.3 만점에 3.1이었는데, 아르바이트를 서너 개씩 하며 맞추기는 정말 쉽지 않았다. 하지만 학점 기준을 맞추지 못하면 등록금과 생활지원비가 끊겼다. 기초생활수급자이면서 장학금 수혜자인 대학생은 학기당 생활지원금 180만 원을 받았는데, 나는 이 돈을 전부 엄마에게 보냈다. 집안의 생활비이자 내가 대학에 잘 다니고 있다는 자랑스러운 증거물을 지키기 위해서였다.

최소한의 시간을 쓰면서 최대한의 돈을 벌기엔 과외만 한 것이 없었다. K대학을 목표로 하는 고3 학생의 과외를 맡았다. 주 1회 3시간 월 30만 원에서 시작했는데, 따라오려고 노력하는 학생에게 시간을 쏟다 보니 주 2회 6시간 월 60만 원짜리가 되었다. 정기 수업 외에 보강도 자주 했다. 지수는 K대학교에 예비 합격했고, 가고 싶어 했던 다른 지방 국립대에 최종합격했다. 지수의 합격이 있기까지 나는 장학재단에서 잘릴 뻔했지만.

성적이 땅으로 떨어진 원인은 수면 부족에 있었다. 교직 이수를 노리는 학생들이 학점 올리기에 열중할 때, 나는 아르바이트를 하느라 뺏긴 수면 시간을 중국어 시간에 채웠다. 결국 중국어 학점으로 D 마이너스가 떴고, 학기 평점은 3.12가 나왔다. 장학금 기준이 3.1 이상이라지만, 너무 아슬아슬한 점수였다. 장학생 잘리는 거 아닐까. 불안한 마음으로 부랴부랴 관계처에 문의하니, 한 번이라도 점수 미달이면 바로 잘릴뿐더러 지금 점수는 절대값만 보면 아슬아슬하게 통과되지만 퍼센트로 변환하면 장담할 수 없다는 대답이 돌아왔다. 나는 살아야 했다. 무조건 장학금을 살려내야 했다.

안녕하십니까, 교수님, 으로 시작하는 긴 메일을 썼다. 어려운 형편과 수업을 듣는 시간보다 노동이 더 많은 스케줄을 낱낱이 쓴 후, 대학생으로서 본분을 잊지 않겠다는 사과와 다짐으로 마무리했다. 교수님의 아량 덕분에 나는 겨우겨우 C 플러스를 받아 아슬아슬하게 학점이 올랐고, 장학생 신분을 유지할 수 있었다. 누구는 공사장에서 일하면서도 사법고시에 합격했다던데 나는 왜 이럴까? 자괴감이 들었다. 그리고 스스로를 아주 세게

질책했다. 돈은 사정을 봐주지 않는다. 국고에서 나오는 장학금은 공부를 열심히 하라고 나오는 것이 아니라 잘해야 나오는 것이니, 무조건 잘해야 한다고 몰아붙였다. 이후 나는 시험 기간에 사흘이고 나흘이고 밤을 새워 공부했다. 잠 좀 못 잔다고 까짓것 죽기야 할까. 시험을 보고 멍한 상태로 닭집에 가서 닭을 나르면서도 생각했다. 죽기야 할까. 아, 죽고 싶다. 아니지, 지금 통장에 무려 200만 원이나 있는데, 죽어도 계약한 자취방에서 죽어야지.

피곤에 찌들어 기숙사에서 늦은 잠을 청하면, 평행세계의 내가 유럽 여행을 가는 꿈을 꿨다. 그것조차 싫었다. ▶▶▶|

# 어렵게 버는 돈과 쉽게 버는 돈

과외를 하는 사이사이 무한 리필 고깃집에서 주
4일, 12시간씩 일했다. 내가 해본 일 중 가장 고강도
육체노동이었다. 일 자체는 단순했다. 테이블마다 고기를
구워주고 볶음밥을 볶아준 후 손님이 나가면 상을 치우고
그릇을 설거지했다. 아르바이트 직원은 나를 포함해 다섯
명이었고, 주방팀과 서빙팀을 뽑기로 나누곤 했다. 나는
상대적으로 주방이 편했다. 서빙할 때 강요받는 미소가
징그러웠다. 정말이지 "여성과 웃음은 이중 구속관계다".
성희롱으로부터 '슬기롭게' 빠져나갔다는 서른 살 남자
점장의 '칭찬'을 듣는 것도 피곤했다. "원하지 않는
관심과 희롱에 최소한으로 노출되면서 하루를 잘 보내기
위한 작전을 수립하는 행위는 내가 여자인 이상 그냥
받아들여야 하는 생활의 한 부분이었다." 차라리 손발이

퉁퉁 부어도 고무장갑과 고무장화로 무장하고 김 펄펄 나는 뜨거운 물에 희석된 세제 증기를 마시는 쪽이 속 편했다.

설거지를 하다 보면 더워서 기절할 것 같았다. 동료들과 번갈아가며 냉동창고에 들어가 몸을 급랭시켰다. 안에서는 창고 문이 열리지 않는 구조이다 보니 밖에 있는 사람이 까먹지 않고 열어줘야 동사를 면할 수 있었다. 번아웃이 올 대로 온 나는 곧 팔릴 고기들 사이에서 자극적인 상상하기를 즐겼다. 갈고리가 내 모가지를 낚아채고, 마침 동료들이 날 꺼내는 것을 깜빡해 꽁꽁 언 안온맛 갈비. 그렇게 날 죽이고 나면 머릿속이 시원해졌다. 이 세상에서 유일하게 내게 허락된 일탈이 상상 자해였다. 남겨질 엄마가 더 가난해질까 봐 죽을 수는 없었다. 죽지 못해 보내는 하루가 반복될수록 감정이 가라앉았다. 조금 부러웠던 친구들의 여행이 조금도 부럽지 않게 됐다. 최저 수준도 안 되는 기숙사만 탈출하면 행복할 것 같았던 실낱같은 희망도 감각할 수 없었다. 그냥 일어났으니까 일했고 일했으니까 잤다.

당시 최저임금 6,030원을 주면서 점장은 덤으로 일 시키기를 잘했다. 손 빠른 직원에게는 설거지 다음에 마늘 꼭지 다듬기를 시키고, 힘 좀 쓰는 서빙 담당에게는 음료 정리도 맡기고, 나를 포스기 앞으로 떠밀었다. 수능에서 나머지는 1등급이었지만 수학만 유일하게 4등급이었던 내게 말이다. 고깃집 아르바이트에 지쳐갈 즈음, 내게 그럴싸한 제안이 하나 들어왔다. 과 단톡방에 수성구의 한 종합학원에서 강사 지원 공고를 올려 지원했는데 채용이 됐다. 그곳에서 6년을 일한 후에 알았지만, 원장이 날 채용한 이유는 내가 새파랗게 어린 여자여서, 사회생활 경험이 없으니 부리기 쉬워서였다.

월급은 '비율제'로 정산되었다. 학생이 낸 수강비를 3대 7, 4대 6 등으로 학원과 나누는 방식인데, 한마디로 나는 기본급을 받는 노동자가 아니라 일종의 개인사업자(프리랜서) 취급을 받았다. 이 때문에 학원강사의 노동자성이 인정되지 않아 퇴직금이나 연차수당을 받지 못하기도 하며, 4대 보험 또한 보장받기 어렵다. 불안정한 '특수 고용' 상태이다 보니, 학원강사의 노동자성을 두고 소송도 적지 않게 발생한다. 처음에는 '특고' 상태인 줄도 모르고 내가 가져갈 비율이 커지길 바라며 열심히 일했고, 사랑하는 국어를 가르치는 일이어서 마음을 다했다. 가끔 지문으로 만나는 김애란의 소설이나 백석의 시가 나를 버티게 했다. 학생들과 크고 작은 갈등이 끊이지 않았는데, 그중엔 나보다 족히 30센티미터는 큰 남학생으로부터 멱살을 잡히고도 원장에게 받은 망고빙수 기프티콘으로 합의를 에낀 일도 있었다. 그러나 그런 건 참을 수 있었다. 정말이지 내가 참을 수 없던 것은 나를, 내 일을, 내 전공을 돈만 지불하면 어디에나 써먹을 수 있다고 생각하는 사람들이었다.

어느 날, 과외를 할 때 뿌렸던 휴대전화 번호로 전화 한 통이 걸려왔다. 모르는 여자의 목소리였다. 에두르는 기색도 없이 그 여자는 내게 **본론부터 말할게요. 합격하면**

두 장 더 드리는 걸로 해서 큰 거 일곱 장으로 삼성 자기소개서 대필 가능하세요? 라고 물었다. 큰 거, 영화에서는 억 단위던데 학원가에서는 100만 원이었으니 700만 원짜리였다. 나는 첨삭 지도는 가능하나 대필은 할 수 없다고 잘라서 거절했다.

초고를 대필해주기만 해도 다섯 장, 성공 보수로 두 장을 더 얹어주겠다는 말이 저급하게 들렸다. 조폭이 우르르 나오는 누아르 영화에서나 나올 법한 대화가 내 수화기 너머로 흘렀다는 사실이 아찔했다. 내가 쓰는 글이 시도, 소설도, 에세이도 아니고 '큰 거 일곱 장'이 돼버리는 순간이었다. 열심히 살아서 이리 된 걸까, 아니면 열심히 살지 않아서 이리 된 걸까. 그 뒤로도 대구 바닥에 뿌려질 대로 뿌려진 내 휴대전화로 대필 의뢰가 들어왔다. 죄다 단칼에 거절했다. 자기소개서 대필은 불법이고, 내 글들에 부끄럽지 않고 싶었으며, 내 자아를 남의 미래를 위한 자원으로 소진시키고 싶지도 않았다.

무엇보다 아무리 궁할지언정 자존심을 팔 수 없었다. 그때 내가 가진 것이라곤 기숙사에 있는 이불 한 채와 그 이불 아래에 늘 소중히 두고 나오는 자존심뿐이었다. 들고 다니면 쉬이 오염되고 찢어지고 해지는 자존심. 나는 매일 밤 누워 이불 속에서 새근새근 잠든 자존심을 바라보았다. 밖에서 묻혀 온 때가 묻진 않았는지, 밖에서 내가 한 짓을 알고 스스로 깨져버리지는 않았는지.

내가 줄기차게 대필을 거절하는 4년, 5년 동안 원장은 계속해서 대필을 하라며 종용하고 윽박질렀다. 필사적으로

거절하며 먹고살기 위해 버텼고, 6년을 채운 후 진저리를
치며 학원을 떠났다.　　　　　　　　　　　　　　▶▶▶

# 아르바이트들에 대한 단편적 결산

## 2015년 12월-2016년 2월: 과외

K 대학교에 입학하기 전에 잠깐, 고등학교 후배의 영어
과외를 맡게 되었다. 수능이 끝남과 동시에 나는 나를
'독립해야 하는 어른'으로 규정했기에 경제 활동을 시작하는
것에 거침이 없었다. 후배는 간호학과에 가고자 하는
뚜렷한 목표가 있었고 성실했다. 첫 과외는 그리 길지도
않았고 수월했다. 당시 운영하던 블로그에 K대학교 합격
수기를 쓰고 단 한 줄짜리 과외 이력을 끼워 팔았다. 시장에
나를 내놓는 것이 전혀 두렵지 않았던 까닭은 그럴 기회가
거의 없었던 미성년의 나날이 훨씬 무서웠기 때문이다.

## 2016년 4월-6월: 빵집

대구에 올라와서 처음 했던 빵집 아르바이트는 일도 크게
고되지 않았고, 무엇보다 동료들이 든든했다. 샌드위치
기사, 케이크 기사, 미성년자 시절부터 아르바이트를
해서 경력이 빵빵한 동갑내기, 그리고 나까지 모두
여자였다. 우린 서로를 도왔다. 생리하는 날, 무지근한
배를 문지르거나 허리를 두드리고 있으면 앉아 있으라는
소리가 여기저기서 들려왔다. 두 군데에서 일하던 샌드위치
기사 언니는 아이의 하원 시간에 맞춰 퇴근할 수 있어서 이
일을 한다고 했다. 일을 두 탕이나 뛰면서 육아까지 맡는
생활의 무게가 느껴졌다. 잔잔한 분위기 속에 오래 다닐

수 있을 것 같았지만, 어느 날 나타난 Sam이라는 외국인
남자 손님 때문에 그만둘 수밖에 없었다. 그는 자신에게
한국어를 가르쳐주면, 내게 영어를 가르쳐주겠다고 했다.
처음 본 손님도 아니어서 공짜로 영어를 배울 요량으로
카톡 아이디를 알려주었다. 그리고 그놈에게서 톡이 왔다.
잘못 봤나 싶어 번역기를 돌려보았다. 너는 인생에서
오르가즘을 느껴본 적이 있니? 너의 보이프렌드와
함께라면 어때? 명백한 성희롱이었다. Sam의 가해에 대해
동료들에게 알리고 빵집을 때려치웠다.

## 2016년 6월-12월: 빵집

빵집에서 빵판을 닦느라 양팔 인대에 만성 염증이 생겼다.
대충 파스를 붙이고 버텼는데, 팔꿈치까지 아파오기
시작했다. 근육 주사나 물리치료의 일부는 의료급여가
포괄하지 않는 영역이어서 치료를 거의 받지 못했다.
의료급여 수급자의 '미충족 의료' 문제는 일상적으로
발생한다. 가난한 주제에 무언가를 '충족'하려고 하다니,
양심이 없다고 욕먹을 것 같다. 기분 탓이면 좋겠다.

전국 자살사망 분석결과보고서(2013-17년)에서도 정부가 의료급여 수급자가 가난에서 벗어날 수 있도록 충분한 의료 지원을 받고 있는지 관심을 기울여야 한다는 의견이 나왔다. 보고서에 따르면 의료급여 수급자의 자살률이 월등히 높게 나타나, 경제적 취약 상태가 자살로 이어졌다는 분석이 나왔다. 「수급자에 덧씌워진 낙인, 현실은 높은 자살률에 미충족 의료도 '심각'」, 「비마이너」2022년 11월 17일

## 2016년 6월-8월: 닭집

너 왜 화장 안 하고 왔어? 가게 매출 떨어질라. 사장은
지치지도 않고 성차별을 실천했다.

## 2016년 6월-2017년 8월: 과외

형편이 어렵다고 말한 과외 학생의 과외비를 조금 낮게

받았다. 나로서는 커다란 최선이었다.

## 2016년 4월-2023년 7월: 국어학원강사

꾸준히 계속한 학원 일은 늘 빡빡했다. 아이들이 몰려오고 나갈 때마다 내 시간도 모조리 빠져 나갔다. 학원 강의에는 시험문제를 분석하고 자체 시험 문제를 출제하고 교재를 만들고 채점하고 피드백을 해주는 일 또한 포함됐다.

내신 기간에는 족보닷컴과 나무아카데미에서 시험 범위에 해당하는 자료를 찾고 저장하고 편집해야 했다. 한 학교별로 세 시간은 족히 걸리는 일이었다. 학년이 높아질수록 시험 범위도 넓어지는 편이라 일은 순식간에 두 배, 세 배로 늘어났다. 겨우 자료를 완성하면 아이들에게서 문자가 왔다. **쌤, 시험 범위 바뀌었어요.**

재수학원에서 강사로 일하면서 자체 시험 문제를 출제해야 했는데, 그게 여간 까다로울 수 없었다. 수능 기출 문제와 공개된 사설 모의고사에서 중복된 국어 지문을 고르는 것은 차라리 쉬웠다. 수능 연계 교재를 분석해 올해 수능에 출제될 확률이 높은 비문학 지문이나 문학 작품을 뽑는 데에는 한나절이 걸렸다. 비문학의 경우, 최근의 뉴스들을 탐독해 시의성 있는 소재들을 건져 올렸고, 법학적성시험 등 수능 외 시험들도 철저히 분석했다. 학원강사 초창기에는 1994년 수능부터 한국교육과정평가원 모의고사 20개년, 법학적성시험 언어이해 기출문제를 달달 외우느라 진땀을

빼기도 했다.

학부모 전화 상담과 신규생 상담, 방학 특강 자체 교재 제작, 매년 수업 커리큘럼을 바꾸는 것까지 강사의 몫이었다. 수업은 분명 밤 11시에 끝났지만, 집에 돌아와서도 일은 끝나지 않았다. 학교 과제와 학원 수업 준비를 번갈아하며 밤을 새우는 날이 얼마나 많았는지. 대학생이 된다고 큰맘 먹고 마련한 노트북에는 'n학년 n학기 교양/전공' 폴더보다 '미래엔 고등 국어'나 '창비 문학' 등 교과서 출판사 폴더가 더 많은 용량을 차지했다.

그 대가가 심각한 건강 이상으로 돌아올 때까지 나는 날 쥐어짰다. 2016년부터 6년간 근속한 종합학원을 기본으로, 보통 두 개의 아르바이트를 더했다. 최대 네 개를 돌리던 시기도 있었다. 단 하나의 일자리만 가지게 된 것은 2022년 3월부터다. 현재는 학원강사 일은 쉬고 과외를 돈다. ▶▶▶

# H관 호러

내가 최초로 선택할 수 있었던 내 집은 K대학 기숙사
중에서도 H관이었다. 다른 기숙사도 있었지만, 나는 무조건
기숙사에 들어가야 했기 때문에 무조건 들어갈 수 있는
H관을 택했다. 기숙사에 떨어지면 살 곳을 구할 수 없었다.
자취방 보증금을 할 돈이 있었으면 아빠의 술값을 벌써
갚았을 것이다.

준공연도가 1987년인 H관은 허름했다. 외벽의 줄눈이 잿빛

거미줄처럼 보였다. 하지만 남자 기숙사인 G관은 내벽에 금이 갔다는 선배의 말을 듣고 H관이 먼저 무너지지는 않겠구나 싶어서 이상하게 안심이 됐다.

공동화장실에는 지린내가 진동했고, 타일들이 다 깨져 발이라도 헛디뎌 넘어지면 뇌를 한 숟가락 듬뿍 뜨일 것 같았다. 같은 층에 사는 100여 명이 세탁기 두 대로 빨래를 돌렸다. 세탁기 호스는 벚꽃처럼 화사하면서 단아한 분홍색이었는데, 미끈한 물곰팡이였다. 바퀴벌레가 얼마나 많았는지, 쓰레기통 근처에서는 365일 손바닥만 한 바퀴벌레가 까꿍 놀이를 해댔다. 하루는 룸메이트들과 방에서 치킨을 시켰는데, 상 하나를 펼칠 공간도 상도 없어서 침대와 침대 사이에 작은 빨래건조대를 간신히 펼쳐 그 위에 치킨 상자를 올리고 엉거주춤하게 자리를 잡았다. 막 고기를 뜯는 순간, 룸메 중 하나가 **으악!** 소리를 지르며 치킨 상자를 엎었다. 침대 아래에서 소주 컵만 한 바퀴벌레가 뽈뽈뽈 기어 나오고 있었다. **아이고, 아까워라.** 곡을 하며 바닥에 쏟은 치킨을 주워 그대로 쓰레기통에 버렸다. 그 치킨을 먹고 바퀴벌레들은 무럭무럭 자랐고 새끼를 쳤다.

H관 호러를 매일 듣던 유리 언니가 내게 LH 대학생 셰어하우스 전형을 알려줬다(유리 언니는 자취방 보증금 300만 원을 마련하려고 새로 구한 아르바이트 빵집에서 만난 사이였다). 대학생들이 전세 자취방을 구할 수 있게 지원하는 제도라고 했다. 전세라, 전세…. 곱씹을수록 달콤했다. 무미건조하게 굳어버린 희망의 감각이 한 꼬집

살아났다. '언니의 조언'은 이 정도 수준은 돼야 한다는 것을
유리 언니에게서 배웠다.

삐걱거리는 기숙사 침대에 누워 LH 전세 임대 공고문을
읽었다. 모르는 단어투성이였다.

전세 지원은 부채비율이 90퍼센트 이하인 주택에 한해 지원이
가능하며, 부채비율은 아래의 방법으로 산정됩니다.

※ 부채비율 : 〔근저당권 등 금액 + 선순위 임차보증금 등
  + LH 지원 전세금〕 / 주택 가격

— 근저당권 등 금액 : 등기부등본의 근저당권, 전세권 등 설정금액
— 선순위 임차보증금 등 : 중개사가 확인(단독, 다가구 등 구분등기되지
  않은 주택에 한함)
— LH 지원 전세금 : 임차주택에 대한 전세금(입주자 추가 부담금 포함)
— 주택 가격 : 개별 주택 가격의 180퍼센트, KB시세, 등기부등본상
  실거래가격(1년 이내 거래가액 등으로 산정)

고등학교 사회시간에 부채비율이니 근저당권이니
KB시세니 하는 것을 가르쳐줬다면 이렇게 머리가
지끈거리지는 않았을 것이다. 공교육을 성실히 이행했으나
학교에서 가르친 세상과 내가 마주친 세상은 많이 달랐다.
학교는 기회의 평등이 있다고 가르쳤지만, 사회로 나온
내게 기회는 숨어 있었고 평등은 마음속에만 사는 단어였다.
삶을 비관하는 방법을 스무 개 이상 배워서 스무 살이 된 것
같았다. 공고문을 끝까지 읽기도 전에 우울해졌다.

그러다 생리학적 신호, 예컨대 요의를 느끼면

'그래도 살아 있네' 하고 실없이 웃으며 변소로 향하는
것이 그 시절의 나였다. 터덜터덜 변소로 가는 길에
두 발을 앙증맞게 모으고 선 쥐를 봤다. 「라따뚜이」
실사판이라기엔 너무 지저분했다. 나와 대치 중인
들쥐 주변으로 바퀴벌레들이 스스스 몰려드는 그림이
삽입되었다. H관은 보증금 없는 20대들과 바퀴벌레들과
쥐들의 셰어하우스라는 사실에 새삼 헛구역질이 나왔다.
복도 구석에서 신물이 넘어올 때까지 헛구역질을 해서인지,
21세기 국립대 기숙사에서 쥐와 동거하는 인간이라는
타이틀을 얻어 벅찬 탓인지 눈물이 찔끔 나왔다. 요의는
사라진 지 오래였다. ▶▶

# 6힙 셰어

LH 대학생 셰어하우스 전형(현 청년전세임대)은 소득분위가 비슷한 친구와 짝이 되어 살 집을 구하면 저렴한 금리로 대출해주는 제도였다. 심지어 6년까지 연장해서 살 수 있었기에 남은 대학 생활을 편히 보낼 유일한 대안처럼 여겨졌다. 주 64시간 노동을 하며 저축한 300만 원이 LH가 제시한 기초생활수급자 기준의 전세금인 100만 원을 훌쩍 넘어 있었다.

새 모집 공고가 떴을 때, 제일 먼저 한 일은 룸메이트를 구하는 것이었다.

이 전형의 필수 조건이 2인 이상 공동거주였다. 대구에서 지낸 시간은 고작 1년, 최장 6년을 부대끼며 살 사람을 구하기가 쉽지 않았다. 게다가 **헤이, 너 혹시 LH**

**1순위 대상이니? 기초생활수급자이거나 한부모가족이거나 차상위계층이야?** 라고 질문하는 것은 너무 무례하지 않은가. 조건 맞고 마음 맞는 룸메이트를 구할 바에는 내가 집과 몸이 일체된 달팽이로 변신하는 날을 기다리는 것이 빠를 성싶었다.

같이 살아본 집먼지진드기가 수만 마리에, 바퀴벌레는 수천 마리, 들쥐도 수십 마리였지만, 사람은 룸메이트 셋뿐이었다. 셋은 이미 1학년이 끝나자마자 기숙사를 나갔다. 그중 간간이 연락했던 해진이가 11월에 자취방 계약이 만료된다고 했다. 룸메 생활을 하며 통과의례처럼, 적당히 걸러진 속사정과 가정사도 나눈 적이 있어 안심이 되기도 했다. 7월 말-8월 초 전형 마감, 9월 전형 결과 발표, 11월 해진 자취방 계약 만료, 12월 내 공동주거 계약까지, 재게 움직이면 기숙사 탈출을 이룰 수 있을 것 같았다.

수십 통의 전화 연결과 대기, 담당자 연결, 다시 대기를 반복하며 우여곡절 끝에 준비한 서류를 한 장에 500원씩을 주고 팩스로 전송했다. 7월 26일부터 8월 1일까지 단 일주일만 신청을 받는다는 사실이 어이없었지만, 나는 기초생활보장수급자다, 나는 월세를 낼 돈이 없다, 나는 H관에서 살고 싶지 않다, 나는 한글을 읽을 줄 알고 대학생이 되었기에 이 전형 조건에 부합할 수 있었다 등의 주문을 외며 서류를 준비했다.

서류는 무사히 통과되었다.

수업과 학원 아르바이트를 마치고 밤 10시에나

공인중개사와 함께 방을 둘러봤다. 첫 번째 방은 마음에
쏙 들었지만, 옆 건물이 지하부터 2층까지 노래방과
모텔이었고, 옆옆 건물은 '미시 항상 대기 룸살롱', 앞
건물은 '초이스 가능한 물 좋은 곳'이어서 뒤돌아 나왔다. 방
크기가 너무 달랐던 두 번째 집도 선택지에서 삭제되었다.
세 번째, 네 번째… 모두 허탕이었다. 아홉 번째로 본 집은
학교와 먼 데다 좁고 으슥한 골목 끝에 있는 G힐이었다.
부엌 한쪽 벽면에 붙은 연두색과 흰색이 교차하는 타일이
마음에 들었다. 곰팡이도 없었다. 더 보여줄 집이 없다는
중개인의 말에 허겁지겁 답했다. **헤드랜턴이라도 쓰고 학교
다닐게요!** 그 자리에서 적금 통장을 해지해 가계약금 100만
원을 걸었다. 보증금은 8,000만 원이었다. 공고 당시엔
지원 금액이 지방 기준 최대 6,000만 원이었는데, 지원자가
적어 최대 9,500만 원까지 지원 폭이 늘어났다.

　지원자가 적은 이유를 알 것 같았다. LH가 요구하는
조건이 까다로웠다. 관할 구 안에서만 집을 구해야 했고,
임대인의 건물 담보 부채가 일정 금액 이하여야 했으며,
면적도 정해져 있었다. LH와 먼저 계약을 체결하고 이후
세입자와도 계약을 해야 하는 등 일처리가 복잡해 LH 주거
지원 정책을 꺼리는 임대인도 많았다.

　관리비는 총 10만 원이었는데, 내가 해진이보다 조금
큰 방을 쓰기로 하고 관리비 6만 원을 부담키로 했다. LH의
전세 대출 이자 8만 8,750원, 관리비 6만 원, 전기·가스
요금 등 고정 비용을 다 합하면 약 16만 원이 나왔다. 일반
원룸 월세의 절반 정도였다. 할 수 있는 것을 다해서 H관을

탈출한 내가 몹시 대견했다.

이삿짐은 이불 가방 두 개 분량이었다. 감각을 마비시킨 채 돈을 벌며 샘플 화장품에서 유리병 화장품으로 건너가게 되어서, 딸이 세일 때 구매한 롱 패딩 하나가 늘어서 그 정도였다. 이삿짐센터를 부를 양도 아니거니와 돈도 없어서 택시를 불러 짐을 트렁크에 쑤셔 넣었다. 기사님이 사람 좋은 얼굴로 말을 붙였다. **아이고, 아가씨가 고생하네. 젊어서 고생은 사서도 한다니까 힘내요.** 그 전형적인 위로가 신산한 마음을 가라앉혀주었다. 젊어서 고생은 사서도 한다는 말을 정말 싫어했는데도. 그즈음 삼각김밥 2+1 행사를 기다려가며 3,000원으로 일주일을 버티던 때라 무언가 울컥 치밀기도 했다.

　　이사 다음 날, 전입신고를 위해 주민센터에 들렀다. 본적지가 부산에서 대구로 바뀌었고, 주민등록등본에 '세대주'라는 신분이 적혔다. 화명주공과 금곡주공의 공주가 H관의 천덕꾸러기로 살다가 LH라는 호박마차를 타고 G힐의 신데렐라가 되었음을 시사하는 신고서였다. **샬라카둘라 매치카둘라 비비디바비디부~** 다음 집은 어디가 될까, G힐 다음엔 힐스테이트일까. **생각만 하면 생각대로 비비디바비디부~** 주문처럼 철지난 CM송을 흥얼거렸다.　　　　　　　　　　　　　　　　▶▶▶

## 석사(수료)에 대한 변

대학 졸업 후 부산 집으로 내려가 취업하는 것과 대학원생이 되어 공부를 더 하는 선택지가 내게 있었다. 대학원이라니.

2+1 삼각김밥을 기다리며 버티는 대학 생활에 신물이 났지만, 가난해도 장학금으로 공부할 수 있다는 경험이 용기를 불어넣었다. 박사까지 필요한 추정 학비 3,000만 원은 없었지만 학석사 연계과정을 신청하여 일단 대학원에 진학했다.

석사 첫 학기를 맞은 나는 교수님과 석사 동료들로부터 인상적인 질문 세 개를 받았다.

Q1. 부모님이 학업을 도와줄 수 있는가?
Q2. 남자친구가 있는가? 있다면 직업이 무엇인가?
Q3. 결혼 및 임신 계획이 있는가?

내 대답은 이랬다.

A1. 도와줄 수 없다.
A2. 지금은 없다.
A3. 결혼 생각도 없고 임신 계획도 없지만 아예 없는지는 모르겠다.

이어진 대화는 다음과 같았다.

A: 박사 학위를 따려면 여자는 결혼을 안 해야 되는 거 아닌가?
나: 왜요?
A: 결혼하면 내조도 해야 하고, 애라도 낳으면 공부가 뒷전이

되니까.

나: 그건 남자 대학원생도 마찬가지 아닌가….

A: 에이, 남자들은 안 그래. 남자가 임신하는 것도 아니고.
보통 남자는 결혼해도 박사 따는 데에 5년이면 돼.
여자는 결혼만 하면 흐지부지하다가 7년은 걸리지.

나: 아….


또 다른 대화.


B: 부모님이 못 도와준다는 말, 엄살 아냐?

나: 아닌데요.

B: 부모님이 말씀만 그렇지 결국 도와주실걸.
온 씨가 가계 사정을 다 몰라서 그렇지.

나: 아….


가난한, 여자, 대학원생은 냉정하게 따져 수지타산이 안
맞는 계획이었다. 백석 시로 박사 논문을 쓰고 일자리를
얻을 수 있을까? 차라리 수강생을 주말에만 몰아서 받고
월 200만 원을 받는 파트타임 학원강사를 하는 게 글 쓸
시간을 보장해주지 않을까? 주 7일 몸을 혹사하면서 2년
바짝 돈 벌어서 학원을 차릴까? 결혼할 사람이 있다고 치자,
내가 박사를 하는 걸 어떻게 생각할까? 내 나이 마흔이
넘었을 때 엄마가 남들에게 우리 애는 공부한다며 뒤끝을
흐리는 걸 참을 수 있을까? 한 학기가 지날 때까지 묻고 또
물었다.

석사 1년까지는 대학교 때처럼 일하며 수업을 들었다. 앞으로도 그럴 수 있으리라 믿었다. 하지만 다른 대학원생들은 수업을 마치고 일 대신 스터디를 했다. 주말에 학회에 참석하고, 교수실로 불려가 연구 과제 중 잡다한 일을 처리했다. 아르바이트가 우선인 대학원생은 없었다. 근로장학생으로 일하며 받는 월급 40만 원과 집에서 보조해주는 용돈을 조화롭게 쓰던 동료들은 절약하면 선배들과 술자리도 가질 수 있다고 했다. 나는 아니었다. 태생적으로 주어진 상황이 복잡했고 내가 만든 후천적 상황도 다단했다. LH 전세 이자와 관리비, 필수 식비와 교통비로 이미 한 달에 40만 원을 지출했다. 집에서 주는 용돈은 없었다. 재수학원 내 국어과 강사로 일하면서 간당간당하게 대학원 생활을 이어나가는 것이 최선이었다. 학원강사를 때려치우면 연구나 스터디, 학회에 참여할 수 있었겠으나 등록금이 없어 다음 학기엔 대학원생 신분을 유지할 수 없었다. '대학원 생활에 전력하지 않는 불성실한 사람', '문학 한다더니 돈 벌러 다니는 사람' 같은 묘한 비아냥이 멀리서부터 들려와 귓바퀴에서 핀볼처럼 돌아다녔다.

[박탈의] 내용은 보통 지속적인 제약 상태, 없는 대로 버티기, 주말이면 돈이 떨어지는 상태, 빚, 한정된 선택지, 덫에 걸린 기분, 즉흥적으로 행동할 여지가 없는 상태, 망가진 가족 관계 중 하나에 해당한다. 루스 리스터 지음, 「풍요의 시대, 무엇이 가난인가」, 장상미 옮김, 갈라파고스, 89쪽.

그래도 시 공부는 계속하고 싶었다. 나는 공부하기를 사랑했다. 과제용 소논문을 쓰기 위해 선행연구를 뒤적일 때마다 심장이 두근거렸고, 모르는 한자를 옥편에서 찾아가며 백석의 옛 시들을 읽을 때면 마음에 함박눈이 내렸다.

2022년 6월, 나는 석사 과정을 마쳤다. 그동안 1,000만 원가량의 등록금을 스스로 벌어서 냈다는 사실이 믿기지 않았다. 수료 전 마지막 학기에는 부산 기장군에서 대구 산격동으로 기차 통학을 하며 극악의 스케줄을 견뎌야 했다. 화목금토일에 부산 사직동 학원으로 출근, 수요일 오전 7시 기차를 타고 대구로 가 13시까지 대학원 수업 수강, 돌아올 때는 부산 북구 화명역에서 내려 과외를 했다. 월요일에는 정관이며 동래를 쏘다니며 과외를 네 개씩 돌았다. 동료들에겐 힘든 내색 대신 농담을 했다. **원래 대학원생이 가난하다잖아요. 저는 가난한데 또 가난한 대학원생이 됐으니까 해야죠.** 그들이 이게 진짜 농담인 줄 알 때면 뿌듯하기까지 했다.

새로 취임한 젊은 남자 정교수는 석사논문을 쓰지 않고 수료를 택한 나를 못마땅해하며 충고했다. **다들 힘들어도 학위논문까지는 씁니다. 수료만 하는 것은 의미 없는 짓이에요.** 열심히 일과 공부를 병행해서 '겨우' 수료하는 것을 전부 '의미 없는 짓'으로 눙치는 그가 야속했다.

한 번도 차려입고 수업에 가지 못했던 내가 처음이자 마지막으로 멀쩡한 원피스를 입고 간 날은 종강일이었다. 갖춰 입은 모습이 보기 좋다던 그에게 일을 해야 해서 결국 학업을 잠시 쉬기로 결정했다고 말하자 그가 물었다. **그쪽을 선택하는 게 행복하고 현명한 선택입니까?** (그는 늘 돈 버는 일을 그쪽 또는 그런 방법이라며 지시 대명사로 칭했다. 돈이라는 말을 입에 담기에도 저어된다는 듯이.)

글쎄, 나는 행복과 현명이 저토록 부드럽게 연결되는

삶을 살아본 적이 없고, 그쪽이 아니라 이쪽에 과연 행복과 현명이 있는지는 해보지 않아 알 수 없다. 그렇게 멈춘 나의 최종 학력에는 필히 괄호가 붙는다. 문학 석사(수료).　▶▶▶

# 연기

엄마는 와이어가 튀어나온 브래지어를 버릴 줄 몰랐다.
브래지어는 너무 비쌌다. 엄마가 일하던 마트의 여자
동료들이 아무리 궁해도 브래지어는 비싼 걸 입어야
한다고 수선을 떨 때, 엄마는 뭐라고 맞장구를 쳤을까. **맞다,
맞다. 가슴을 받치는 힘이 다르다**, 그랬으려나? 깔깔 웃으며
박수라도 칠라 치면 와이어가 명치를 찔렀을 텐데. 팬티는
구멍이 날 때까지 입어서, 엄마는 대중목욕탕에서 바지와
팬티를 한꺼번에 벗었다. 팬티에 난 구멍은 양말에 난
것과는 차원이 다른 부끄러움이니까. 그나마 속옷은 우리
모녀가 연기하기 쉬운 종목이었다.

　'살과 스타킹 사이'는 내가 잘하는 연기였다. 2010년대
중후반, 부산의 중·고등학생들은 가을, 겨울에 살구색
스타킹을 고집했다. 검정색 기모 스타킹은 소위 '재미없는'
애들이 신는 것이란 분위기가 다분했다. '재미있는' 친구
역을 맡기 위해 나도 살구색 스타킹만 신었다. 손톱가시에
걸려 올이 나갈까 조심조심 스타킹을 신고 등교한 나의
노력은 교실의 나무 걸상 앞에서 무색해졌다. 여기저기
터진 이놈의 걸상은 대대로 족히 수백 족의 스타킹을
해먹었을 것이다. 식은땀을 흘리며 걸상과 사투를 벌였지만
스타킹은 너무 연약했다. 엄마가 사준 살구색 스타킹 10족은
빠르게 소진되었다. 스타킹이 남성용 물건이었다면, 이렇게

내구성이 엉망인 채 내버려두지 않았겠지! 분하다. 툭하면 가슴을 찌르는 브래지어 와이어와 사투 중인 엄마에게 스타킹을 사 달라고 말하지 못해서 나는 맨살의 스타킹을 연기했다. 겨울바람에 종아리 군데군데가 트고 빨개졌다. 교실에 도착해 체육복으로 갈아입으면 맨 다리를 감쪽같이 숨길 수 있었다. 엄마와 나는 '같은 속옷을 주야장천 입는 두 여자'였다.

어쩌다 한 번씩 엄마는 내게 '교양'을 전수했다. 김밥천국 돈가스를 두고 포크와 나이프 쥐는 법을 가르쳐주었고, 허연 각질이 들고 일어나지 않게 얼굴에 바르고 남은 로션을 팔꿈치나 무릎에 바르라고 일러주었다. 가난이 표가 날까 봐 그런 것들로 얼기설기 기웠다.

아빠가 알코올중독자에 시각장애인이라는 사실은 철저히 함구했다. 친구들 사이에서 아빠 이야기가 나오면 재빨리 가족 예능 프로그램 속 아빠들이 무슨 말을 했고 어떤 애정의 스킨십을 했는지 떠올리곤 했다. 하루는 친구가 아빠에게 생일 축하 카드를 받았다며 자랑을 했는데, 아빠가 그렇게 다정한 선물을 한 데에 깜짝 놀란 마음을 누르고 명랑하게 말했다. **우리 아빠도 크리스마스에 편지 써주는데! 우리 아빠는 크리스마스이브가 생일이야! 그래서 나도 아빠한테 편지 준다! 맞교환이야!** 아빠와 크리스마스카드는 물론이고 상기된 목소리마저 거짓이었다. 가족 예능 프로그램 속 아빠들의 이미지를 적절히 섞어 만든 아빠의 캐릭터는 자상하고 신사적이었다.

나는 스타킹이 없었을 뿐인데 맨살을 내놓고 다니는
부끄러운 줄 모르는 애가 되었고, 아빠의 편지는 없어도
그만이었지만, 그 사실을 발화하면 불행한 애가 될까 봐
조마조마했다. 그래서 나의 연기는 끝날 줄 몰랐다. 무엇에
눌리고 있는지도 모른 채 주눅 들지 않으려고 이런 말, 저런
제스처를 꾸며냈다. 만사에 무관심하게 굴면 차라리 가난한
티가 덜 난다는 것을 알게 된 후로는 세상 쿨한 연기자가
되었다. 나는 가난도 부끄러웠지만, 그렇게 애쓰는 나
자신이 부끄럽기도 했다. "숱한 제도적·실천적 개입에도
불구하고 자본주의 사회에서 경제적 결핍이란 지워내야
할 불운, 수치, 숙명"으로 통용된다. 가난한 이들은 불운과
수치, 숙명에 묶인다. ▶▶

# 기도詩

열아홉, 나는 아주 까만 밤에 백석의 「흰 바람벽이 있어」
(1941)를 읽게 됐다.

　　오늘 저녁 이 좁다란 방의 흰 바람벽에
　　어쩐지 쓸쓸한 것만이 오고 간다
　　이 흰 바람벽에
　　희미한 십오촉 전등이 지치운 불빛을 내어던지고
　　때글은 다 낡은 무명샤쯔가 어두운 그림자를 쉬이고
　　그리고 또 달디단 따끈한 감주나 한잔 먹고 싶다고
생각하는 내 가지가지 외로운 생각이 헤매인다
　　그런데 이것은 또 어인 일인가
　　이 흰 바람벽에

내 가난한 늙은 어머니가 있다

내 가난한 늙은 어머니가

이렇게 시퍼러둥둥하니 추운 날인데 차디찬 물에 손은
담그고 무이며 배추를 씻고 있다

또 내 사랑하는 사람이 있다

내 사랑하는 어여쁜 사람이

어늬 먼 앞대 조용한 개포가의 나즈막한 집에서

그의 지아비와 마조 앉어 대구국을 끓여놓고 저녁을
먹는다

벌써 어린것도 생겨서 옆에 끼고 저녁을 먹는다

그런데 또 이즈막하야 어늬 사이엔가

이 흰 바람벽엔

내 쓸쓸한 얼골을 쳐다보며

이러한 글자들이 지나간다

―나는 이 세상에서 가난하고 외롭고 높고 쓸쓸하니
살어가도록 태어났다

그리고 이 세상을 살아가는데

내 가슴은 너무도 많이 뜨거운 것으로 호젓한 것으로
사랑으로 슬픔으로 가득 찬다

그리고 이번에는 나를 위로하는 듯이 나를
울력하는듯이

눈질을 하며 주먹질을 하며 이런 글자들이 지나간다

―하늘이 이 세상을 내일 적에 그가 가장 귀해하고
사랑하는 것들은 모두

가난하고 외롭고 높고 쓸쓸하니 그리고 언제나 넘치는

사랑과 슬픔 속에 살도록 만드신 것이다
　　초생달과 바구지꽃과 짝새와 당나귀가 그러하듯이
　　그리고 또 '프랑시쓰 쨈'과 도연명과 '라이넬 마리아
릴케'가 그러하듯이


술에 취해 거실 겸 큰방에서 잠든 아빠를 피해 나는 유일한
안식처인 작은방에 우두커니 앉아 있었다. 가구라고는
책상이 전부였고, 이부자리는 방바닥 한 귀퉁이에 쌓여
있었다. 베개가 비스듬히 쓰러져 있는 벽의 모서리를
응시하다가 벽면에 걸린 아빠의 옷과 허리띠에 시선이
닿았다. 합성피혁 허리띠가 목에 감기면 풀리지 않을
것처럼 질겨 보였다. 누구는 문고리에도 허리띠를 걸고
자살했다던데.

나는 가난한 내 삶을 지독하게 원망했다. 왜 하필 이런
가족일까, 왜 하필 이런 방구석일까, 왜 하필 딸일까, 왜
하필 1997년에 태어났을까, 왜 하필 부산이었을까, 왜 하필
나일까. 왜, 도대체 내가 왜, 가난을 베개로 베고 비참함을
이불로 덮어야 할까. 가난은 이유 없는 벌이다.

허리띠에 손이 닿기 전, 농담처럼 백석 시집이 바닥에 툭
떨어졌다. 책장에 아슬아슬하게 걸쳐 있더라니, 기어이.
책이 나뒹굴며 종이가 구겨졌다. 죽고 싶은 와중에도 책이
구겨진 것이 신경 쓰여서 인상을 찌푸린 채 책을 문댔다. 이
시는 그러다 읽게 됐다. 손가락으로 시구들을 매만지며 입

안에서 몇 번이고 되뇌었다.

　　나는 이 세상에서 가난하고 외롭고 높고 쓸쓸하니
살아가도록 태어났다

　　나는 이 세상에서 가난하고 외롭고 높고 쓸쓸하니
살아가도록 태어났다

　　하눌이 이 세상을 내일 적에 그가 가장 귀해하고
사랑하는 것들은

　　하눌이 이 세상을 내일 적에 그가 가장 귀해하고
사랑하는 것들은

　　모두 가난하고 외롭고 높고 쓸쓸하니 그리고 언제나
넘치는 사랑과 슬픔 속에 살도록 만드신 것이다

　　모두 가난하고 외롭고 높고 쓸쓸하니 그리고 언제나
넘치는 사랑과 슬픔 속에 살도록 만드신 것이다

이것은 나의 기도문이 되었다.　　　　　　　▶▶▶

# 호소하는 이소호

중학교 3학년 국어 교과서에는 말하기의 기술로 세 가지
설득 전략을 제시한다. 첫째, 이성적 설득 전략. 이는
구체적인 자료와 알맞은 논증법을 활용하여 자신의 주장에

타당성을 보태는 데에 유용하다. 둘째, 인성적 설득 전략.
발화자의 사회적 위치, 품성 등이 말에 대한 신뢰에 영향을
미친다는 뜻이다. 셋째, 감성적 설득 전략. 청중의 감정에
호소하거나 때로는 두려움을 일으켜 감화시킨다. 내가
아는 시인 중 감성적 설득 전략을 가장 잘 활용하는 시인이
이소호다. 이소호는 늘 호소하는 마음으로 시를 쓴다.

2018년, 서점에서 빨간색 글씨로 '캣콜링'이라고 쓰인
시집을 그냥 지나칠 수 있었던 '여자' 또는 '현대시 전공생'은
아마 없었을 것이다. 나도 자석처럼 이끌렸다. 이 제목은
여자만 쓸 수 있다고, 이 안에 여자들의 이야기가 켜켜이
쌓여 있을 것이라는 확신이 들었다. 아니나 다를까,
이소호의 시는 가부장제와 가난이 교차하는 억눌린 지점을
그것에 꼭 맞는 언어로 말하고 있었다. 벌써 소천하신
거장들의 묘만 들락날락하며 백 년 전 문학을 논하는 고루한
대학원 수업에 생생히 살아 있는 이소호를 불러오고 싶었다.
읽자마자 눈이 시큰해졌던 「복어국」으로 비평 과제를
써야겠다고 마음먹었다. '금지하는 말하기를 금지하다.'
내가 과제문에 붙였던 제목이다.

이소호의 시는 대한민국 가부장제가 쉬쉬하는 것만을 골라
표지판처럼 세운다고, 페미니즘 리부트 시대를 열어젖혔고
그 기세를 이어간 소설가와 시인을 꼽으라면 조남주
소설가와 이소호 시인이라고 생각한다고, 나는 비평문을
선언문처럼 읽어 내려갔다.

발제를 가만히 듣던 교수와 남자 선배가 이소호보다도
『82년생 김지영』을 물고 늘어졌다. 그 소설이 '문학성'이
있다고 생각합니까? 페미니즘 문학의 리부트가 과연 얼마나
계속될 것 같나요? 비평문의 부족한 점을 지적하면서는
'임신 중절(중단)'을 '낙태'라고 칭했다. 평소 같았으면
수정에 반영하겠다고 말하고 넘어갔을 것이다. 그러나
이날은 반론을 하지 않을 수 없었다.

　　페미니즘 문학에만 유난히 '문학성'을 운운하는 이유가
뭔가요? 네, 저는 『82년생 김지영』의 문학성이 상당하다고
생각합니다. 페미니즘 리부트가 유행에서 그치기엔 그
화력과 생산성, 그것을 이끌어가는 젊은 세대의 산발적이나
확실한 결집이 느껴지지 않으시나요? 그리고 제 비평은
임신 중단을 낙태라고 부르는 이들로 인해 그것의 권리가
박탈되고 유예되고 억압되며, 여성이 타자화된다는 것에
주안점을 두고 있습니다. 사회가 임신 중단의 권리를
실천한 여성에게 죄책감을 주입함으로써 죽은 듯 살게
하거나 죽게 만드는 현실을 말하는 이 시가 이 시대의
페미니즘이라고 말한 겁니다. 이것을 부정할 수 있을까요?
그리고 저는 시에 쓰인 경우를 제외하고는 '낙태'라는 말을
쓰지 않았습니다.

목소리가 가느다랗게 떨리긴 했지만, 한 번도 쉬지 않고
말을 잇는 내 기세에 어느새 교실이 조용해져 있었다.
비평문에서는 자제했던 감성적 설득 전략을 실제로 행하게
될 줄은 나도 몰랐다. 교수는 성인지 감수성이 떨어지는

'낙태'라는 단어를 사용한 것을 공식 사과했다. 페미니즘 문학은 문학성이 낮다며 비난하던 동료도 수업이 끝난 후 자신의 생각이 짧았다는 의사를 전했다.

　침묵했더라도 나는 떨었을 것이다. 분해서. 떨리더라도 말해야만 하는 것이 세상엔 많다. 젠더와 가난이 그렇다. 내 입술에 이소호의 목소리가 계속해서 걸린 이유일 것이다. 나는 이소호의 시집이 나오는 족족 읽었다. 아니, 섭취했던 것 같다. 가끔은 신물이 올라왔다. 찢어지게 가난하면서 제사는 꼭 지내야 해서 소고기 한 줌을 사던 엄마의 옆에 서서 느꼈던 체증이 다시 느껴져서.

　이소호의 시를 꿀꺽꿀꺽 삼키면서, 말하기를 주저했던 내 모습을 돌이켜볼 수 있었다. 잘 모르는 분야라고 깊이 사유하기를 회피하고, 세상을 바꿀 힘이 없다는 핑계로 어떤 말은 녹이고 어떤 행동은 뒤로 미루었다. 그러나 이날 수업에서 사자후를 지르고 난 후, 젊은 여성이 가난에 대해서 말하는 것도 내가 예상하지 못한 의미를 피울 수 있겠다는 생각이 들었다.

어디선가 나를 지켜보고 시를 쓰는 것이 아닌가 싶은 이소호는 첫 시집에서 한국의 가부장제와 가난 사이를 사실적 장면으로 보여주었다. 두 번째 시집에서는 이를 표현하기 위해 다다이즘을 시도했다. 실험적 기법이 엮인 시상은 우리 현실이 시보다 충격적이라는 사실을 자연스레 깨닫게 했다. 올해 4월, 이소호는 세 번째 시집을 냈다. 젠더-가난-예술이 혹처럼, 종양처럼, 열매처럼

서로를 증식시키는 이 시집에서 내가 제일로 꼽는 시는
「손 없는 날」이다. 엄마에게도 보여주고 싶어 한 구절 한
구절 정성스럽게 타이핑해 문자로 보냈다. 엄마의 답장은
빨랐다. 앞의 절반은 다 내가 했던 말이네. 시인이 여자가? ▶▶

# 해외여행이라는 해프닝

열네 살의 나는 지평선을 바라보며 길게 탄식했다. 이토록
다른 세계가 있다면 좀 더 살아보는 것도 괜찮지 않을까.
살고 싶어서 살았던 날이 없던 내가 처음으로 살아보고 싶던
유일한 순간이었다. 나는 미국에 와 있었다.

2009년 여름, 초등학교 6학년 담임선생님이 뜬금없이
초록우산어린이재단 부산지역본부에 가서 영어 시험을
쳐보라고 권했다. 기초생활수급자 가정이나 한부모가정,
차상위계층 중에 영어 성적이 우수한 학생에게 7박 8일의
미국 동부 여행을 지원한다는 것이었다. 학교에 전달된
온갖 복지 공문을 내게 알려주던 선생님의 목소리가 그날
유독 들떠 있었다. 해외여행이라는 것은 못 갈 줄 알았는데.
다른 친구들이 방학에 필리핀이며 괌을 다녀왔다고
자랑해도 나는 시큰둥했다. 여행을 가서 무얼 하는지
몰랐으니 부러워해야 할 것이 무엇인지 몰랐다.
　　빼곡한 여행 일정표를 받아 들고 돌아와 한동안
분주했다. 엄마 친구에게서 신혼여행 이후로 한 번도 쓴 적
없다는 대형 여행가방을 빌렸고, 일주일 치 비염 약을 타
왔다. 엄마는 입국 심사 때 이 약에 대해 물어보면 영어로
대답할 줄 알아야 한다고 채근했다. 떠나는 날이 2주 정도

남았을 즈음, 신종플루가 유행하더니 여행이 취소되었다. 가난한 애한테 어쩐지 잘해주더라니. 나의 기대는 순식간에 식어버렸다.

중학생이 되고 한 학기가 지났을 즈음, 공문 한 장을 손에 든 담임이 날 불렀다. 평소 학생들을 은근히 차별하던 선생이어서 짐짓 따뜻한 목소리로 내 이름을 부르는 것이 어색했다. 화사하고 가식적인 그의 목소리를 타고 '미국 여행'이라는 단어가 흘러나왔다. 까맣게 잊고 있었는데. 내 인생에서 '좌절편'에 속하지도 않는 사소한 좌절이었던지라 아예 무신경했던 것이다.
　　미국 여행을 가보겠다고 같이 영어 시험을 치렀던 한 아이가 여행을 다시 진행해줄 수 없겠느냐고 재단에 손편지를 보냈다고 했다. 재단은 약속을 지키지 못한 어른이라서 미안하다는 사과의 말과 함께 미국 서부 여행 계획서를 내밀었다. 담임은 어려운 환경 속에서도 제 능력으로 미국 여행을 가는 애라면서 교무실 청소를 하러 간 나를 치켜세웠다. 가난하고 어린 사람을 대하는 어른들의 태도와 온도는 이렇게 요동치곤 했다. 취소했다가 사과했다가, 깔보았다가 추어올렸다. 사무적이었다가 다정했다가, 냉했다가 끓어올랐다. 끓어오른 자신에게 도취되었을 뿐, 사실 가난하고 어린 사람에겐 관심이 없었다.

디즈니랜드와 유니버설 스튜디오, 그랜드캐니언과

라스베이거스, 금문교에서 나는 여행을 맛봤다. 금문교 근처에 클램차우더 수프를 빠네에 담아 파는 가게가 있었는데, 방심하면 사람 종아리보다 큰 갈매기가 빵을 채 갔다. 한 끼 식사를 새에게 도둑맞는 해프닝이 잊을 수 없는 추억이 된다는 것을 남들은 벌써 알았던 걸까. 다들 이런 해프닝에 진심을 다해 속상해하고 또 행복해하는 삶을 살고 있는 걸까.

함께 여행했던 친구들은 착실했다. 좀 모나고 건방져도 좋았을 텐데. 행운의 수정 구슬이나 디즈니 캐릭터가 크게 박힌 후드 티를 갖고 싶어 하면 보호자로 동행한 멘토 선생님이 선뜻 용돈을 주셨지만, 정작 그것을 사는 아이는 없었다. 여행 막바지에 들른 월마트에 가서야 할머니께 드릴 영양제와 동생에게 줄 초콜릿과 노트, 그리고 미국이 훨씬 싸다는 생활용품을 담았다. 멘토 선생님이 아이들에게 디즈니 후드 티를 선물해주자, 몇몇 아이가 울먹였다. 선생님께 뭔가 보답하고 싶었던 것인지 아이들은 일주일 전보다 강인해진 입매로 한마디씩 했다. 꼭 가족과 다시 오겠다, 나중에 나 같은 아이들을 데리고 오겠다, 선생님이, 의사가, 작가가 되겠다. 그들은 그때의 다부진 약속들을 지켜냈을까. ▶▶▶

# 제부의 맛

아빠가 죽고 스물한 살의 나는 적금 통장을 탈탈 털었다.
나만 다녀왔던 미국 서부 여행을 엄마와 함께 가기 위해
찔끔찔끔 모으던 자금이었다. 7-8년 모아야 할 돈이었는데,
아빠의 돌연한 죽음에 상처 입은 모녀관계를 돌보는

이벤트가 필요해 깨버렸다. 엄마도 비상금 100만 원을 내놓았다. 우리 모녀는 필리핀 세부 여행 패키지를 끊었다.

세부의 최고급 리조트라는 샹그릴라 막탄 세부에서 3박을 보냈다. 당도 측정기를 망가뜨릴 것처럼 다디단 망고를 먹었고, 인공 바다에서 디즈니 영화에서나 보던 열대어들과 수영을 했다. **처음 해본 거 티 나니까 쭈뼛대지 마와 살다 보니 별걸 다 해보네**를 오갔던 3박 5일은 5년이 지난 지금까지도 황홀한 기억으로 남아 있다. **칠리크랩은 역시 세부지, 맥주는 역시 세부지, 스파는 역시 세부지**, 하며 엄마와 나는 단 하나 쥐어진 추억 사탕을 할짝할짝 핥았다.

세부 여행이 달콤했던 것만은 아니다. 패키지여행 버스가 지나는 도로 옆으로 판잣집이 빼곡했다. 버스가 신호에 걸려 서면, 아이들이 버스에 다닥다닥 붙어 여행객들을 향해 손가락 욕을 했다. 들리지 않았지만 입술 모양이 적나라하게 F\*\*k You를 그렸다. 그들 사이에서 어릴 적 내 얼굴이 불쑥 튀어나왔다. 화명주공이 재개발되기만을 기다리며 수시로 찾아오던 양복쟁이들에게 내가 눈을 흘겼던가. 디즈니랜드 기념품 가게에서 품 안의 달러를 만지작거리면서 한숨을 쉬었었나, 욕을 삼켰었나. 순간 멀미가 날 것 같았다. 저 아이들을 나와 동일시하는 것은 내 피해의식이었다. 그저 욕을 달고 사는 10대 청소년일지 누가 알까. 차창에 비친 내 얼굴에서 눈을 돌렸다. 까무룩 잠이 든 엄마의 얼굴은 보기 드물게 평화로웠다.

마지막 날에는 스파에 갔다. 화사한 웃음처럼 핀 칼라추치 사이에서 우리 모녀는 여행의 피로를 풀었다. 피로를 푼답시고 몇십 분씩 뜨거운 물에 몸을 담그는 행위와 시간이 낯설었다.

엄마와 나를 마사지해준 관리사 여성 둘은 스물셋이라고 했다. 엄마의 어깨를 꾹꾹 누르던 관리사는 매일 받는 일당으로 동생 네 명을 부양한다고 했다. 엄마에게 통역을 해주었다. 엄마는 별 내색 없이 내가 전해주는 이야기를 듣기만 했다. 마사지가 끝나자 엄마는 원래 주려던 팁의 세 배를 지불했다. 생각지 않은 비용을 써서 찔렸는지, 내가 열렬히 동조해주지 않아 겸연쩍었는지 엄마가 덧붙였다. **발바닥의 굳은살을 손톱으로 다 긁어주더라. 너무 시원하고 감사하고 황송해서 안 그럴 수가 없었다니까.**

모녀가 아껴 먹는 사탕의 끝 맛은 쓰고 맵고 시다.　　≫≫

# 우리를 아는 건 우리뿐이야

열음은 내 자매다. 징그러운 가족사와 가족보다 징그러운
가난을 나눈 자매.

열음의 엄마 은아와 나의 엄마 지영은 중학교 동창이다.
지영과 내 아빠가 된 경훈의 결혼식장에서 은아 이모와 아빠
대학 선배 영창이 만나 부부가 됐다. 그들의 첫 아이가 나와
열음이었다. 내가 기억하는 최초의 열음은 세 살이었다.
다섯 살의 나와 엇비슷한 키에 포동포동한 볼살이 귀여웠다.

귀여운 만큼 고집이 어마어마했다. 내가 입은 잠옷을 당장 내놓지 않으면 잠을 자지 않겠다고 울며 떼를 썼고, 내가 먹는 것을 죄 한입씩 먹어야 직성이 풀렸다.

　외출하면 제 엄마 손을 놓고 꽁무니 빼는 것을 즐겨 하던 열음의 뒤를 쫓는 일은 늘 내 몫이었다. 은아 이모와 열음을 만나는 날이면 내게 특별한 미션이 주어졌다. **열음이가 뛰면 너도 뛰어. 쫓아가서 잡으면 주변 어른들한테 네 목걸이에 새겨진 엄마 전화번호를 보여줘. 알았지?**

　어느 날, 다섯 살이 된 열음이 마트 계산대에서 꿈지럭거리던 엄마를 기다리지 않고 또 달음질을 쳤다. 나도 따라 뛰었다. 후문을 나서니 꽉 낀 정장을 입은 언니가 춤을 추고 있었는데, 열음이 그 앞에 멈춰 선 것이 보였다. 춤추는 언니를 한참 쳐다보더니 이윽고 제 몸을 들썩들썩 삐거덕거리기 시작했다. 나중에 습득한 단어에서 이때의 내 감정을 설명하라면, '벙쪘다'가 맞을 것이다. 목적 없는 뜀박질, 의미 없는 춤사위. 마트 안에서 흘러나오는 미아 안내 방송이 희미하게 들리고, 열음의 춤사위가 슬슬 허물어질 즈음 은아 이모가 나타나 열음을 낚아 올렸다. 하지만 그날 등짝에 나비처럼 새겨진 은아 이모의 손바닥 자국도 이후 여러 차례 반복된 열음의 탈주를 막지 못했다.

　우리가 10대가 됐을 무렵, 열음네 사정이 확 나빠져 금곡주공으로 이사를 왔다. 우리의 대화 주제는 대부분 탈출이었다. 가족으로부터, 이 동네로부터, 가난으로부터 벗어나고 싶었다. 먼저 탈출한 사람은 나였다. 두 살 많은 내가 먼저 대학에 진학하며 대구로 도망쳤다. 남은 열음은 종종 내게 전화했다. 언니, 나 여기 싫다. 나도 나갈래. 언니, 거긴 좋나.

우린 서로를 끔찍하게 아꼈다. 아빠가 자살했다는 그 방에, 나는 차마 들어가지 못했던 그 방에 열음이 들어가 죽음의 잔여물을 치웠다. 대구에서 아빠의 자살 소식을 듣고 벙찐 상태로 부산에 내려와 장례를 치렀다. 염하는 장면은 보지 않았다. 자살을 택함으로써 나와 엄마에게 죄책감을 심어준 아빠의 파리한 입술과 짙은 속눈썹을 보고 싶지 않았다.

나는 10여 년 전에 자살한 할머니의 무덤 옆에 아빠를 묻고 뒤돌아 바로 대구로 올라왔다. 엄마를 다독일 체력도, 정신도 없었다. 그때 엄마 곁에 은아 이모와 열음이 있었다. 시간이 조금 흘러 정신이 좀 돌아왔을 때, 열음이 그날을 언급했다. 언니가 그날 번개탄 지름 크기로 그을려서 뚫긴 장판을 봤으면 집주인 걱정부터 했을걸. 지독한 현실보다 독한 개그를 치며 지내온 사이인지라 나도 지지 않고 맞받아쳤다. 그러게, 엄마가 장판 물어줬으려나?

열음과 내가 끈끈했던 이유 중 하나가 아빠들이었다. 눈이 보이지 않게 된 후 알코올중독에 빠진 경훈과, 벌이는 사업마다 족족 말아먹은 영창은 간헐적 폭력배였다. 경훈의 조준 실력은 형편없어서 나는 날아오는 소주병을 더러 피할 수 있었으나, 열음은 무지막지하고 무식하게 주먹질을 해대는 제 아빠 영창을 피할 수 없었다. 우리가 흘린 피가 우리를 피를 나눈 자매보다 더 자매 같은 사이로 만들어주었다.

사람들이 그리는 '평범한 가족'은 어떤 모습일까?
가난하지 않고, 폭력이 전혀 일어나지 않고, …
모두의 삶에 아무런 걸림도 문제도 없는 가족?
정상가족을 맹신하는 사회에서 가정 내 폭력은
인권침해가 아니라 골칫거리이자 수치로 여겨지기 쉽다.
달리, 「딸이 말하기 시작했다」, 「일다」, 2023-05-24

내가 백석을 공부하겠다고 결심하고 대학원 입학을 결정한 해에 열음은 영화과로 전과했다. 우리는 여전히 우리만 이해할 수 있고, 우리만 웃을 수 있으며, 우리만 울 수 있는 대화를 나눴다.

[대화 1]
열음: 언니, 오늘 받은 습작 주제가 사진이랑 하늘이거든? 무슨 생각나?
나: 화명주공 살 때, 갑자기 남자 어른들이 엄청 큰 노란색 카메라를 들고 와서 하늘을 막 찍던 거.
열음: 오, 그럴싸해. 그게 뭐였는데?
나: 화명주공 재개발하려고 아파트 측량하는 거였는데, 난 하늘 찍는 건 줄 알았지.
열음: 크~ 안온 삶, 맵다 매워. 존나 웃기네.
나: 웃기냐? 이게 웃겨? 내 가난이 웃겨?
열음: 어, 웃겨.

[대화 2]
열음: 예술은 다 돈이야.
나: 그치. 예술대가 학비도 비싸고. 너 입봉 영화 찍는 거, 네 주머니에서 나와야 하잖아. 책도 뭐, 정가가 만 원 안팎인데, 작가 인세는 그중 10퍼센트야. 야, 그래도 고흐를 생각해 봐.
열음: 뭐야, 밸런스 게임이야? 평생 가난하게 살고 죽어서 엄청 유명해지기 vs. 살아 있을 때 예술로 쥐콩만큼이라도 돈 벌기.
나: 열음아, 나 귀가 좀 큰 편이잖아…?

열음: 그냥 접어둬. 언니, 나 유명해져서 투자받아 영화 찍게 되면, 영창의 장례식을 첫 장면으로 할 거야.

나: 그럼 영정 사진 앞에서 춤추는 역으로 날 써줘.

열음: 좋아.


[대화 3]

열음: 하, 언니. 내 친구가 엄청 심각한 고민이 있다는 거야.

나: 왜, 아빠가 아빠답지 못하대?

열음: 우리 얘긴 됐고. 자기는 영화가 하고 싶어서 지금 입시 학원에 다니고 있고, 부모님도 그 꿈을 응원하는데 스스로 확신이 없대. 그러면서 막 울더라.

나: 지랄하네.

열음: 그러니까! 나도 속으론 그렇게 생각했지. 그래도 그냥 들었거든? 그랬더니 걔가, 열음아, 넌 그런 생각 안 들어? 예술을 하려면 삶에 풍파가 좀 있어야 하는데 난 그런 게 너무 없어서⋯ 예술가의 자질이 있는지 모르겠어, 이 지랄.

나: 그거 너 저격한 거 아니냐?

열음: 나 풍파 많은 거 들켰나? 아무튼 참 복에 겨운 눈물이 많아. 나는 내 또래들 고민이 그냥 같잖게 들려. 부모가 영화 하는 걸 반대한다는 고민마저도 그래. 애비가 어쩌다 전화해서 딸 노릇 잘하라고 폭언하는 나에 비하면 늘 그래.

나: 그러게나 말이다. 할머니랑 아버지가 자살했거든요, 그래서 저도 죽고 싶지만 죽지 않아요, 이런 것도 아니고. 매일 일하는데 자꾸만 가난해질 것 같아요, 20년을 기초생활수급자로 살았더니 강박이 있어서요, 이런 것도

아니고.

열음: 그니까. 근데 각자의 사정이 있는 거잖아. 내가 너무 가난해서 남들의 아픔을 우습게 여기는 건 아닐까.

나: 안 그래야지.

열음: 안 그래야지 하다가도 통장을 보면 내가 제일 아픈 건 어떡해?

나: 어쩌긴. 좆됐다 생각해야지.

열음: 우린 좆도 없는데 늘 좆되는구나. 내일 언니 일 몇 시라고?

나: 아침 10시부터 애들 수업.

열음: 지금 새벽 2신데? 니 뭐해?

나: 대학원 과제.

열음: 좆됐네.


언젠가 열음이 말했다. 언니, 우리를 아는 건 우리뿐이야. 마치 전쟁의 경험을 공유한 사람들처럼 우리는 가난을 수군거리며 서로를 껴안는다. ▶▶

# 흉터

금곡주공 옆 금곡중학교를 같이 다닌 담이와 태주는 중학교
3년 내내 같이 등하교를 한 친구들이었다. 꺽꺽 숨넘어가는
웃음소리가 부끄러운 줄도 모르고 이상한 농담을 하며
나란히 걷곤 했다. 비 내리는 날, 한 명은 우산을 들고
나오겠거니 하면 꼭 한 명만 우산을 챙겨 나왔다. 우리는
우산 아래에 몸을 잔뜩 수그리고 망측한 표정들을 지어
보이며 웃었다. 이 둘의 곁에서 나는 내 나이다워졌다.

셋이 고르게 친했지만, 간혹 나나 담이가 태주에게는 말하지 않는 일들이 있었다. 특별히 비밀은 아니었으나 굳이 나누지도 않는 일들. 종일 부슬부슬 비가 내리다 찝찝하게 그쳤던 어느 날, 밤늦게 담이가 전화를 해서는 별말 없이 놀이터 앞으로 나와 달라더니 끊었다. 느낌이 싸했다. 엄마에게 대충 통보만 하고 부리나케 집을 나왔다. 담이의 어깨가 힘없이 축 처져 있었다. 애써 모른 체하고 축축해진 그네에 앉아 발끝으로 애꿎은 모래를 차며 담이의 옆얼굴을 바라봤다.

집이 지긋지긋해서 나왔다는 담이에게, 잠들어 있던 내 머리맡에 아빠가 식칼을 들고 서 있었다는 지나간 이야기를 했다. 금곡주공 전수 조사를 하면 미수에 그친 살인이 평범할 거라고도 했다. 실실 웃던 담이가 그렇게 생각하니까 좀 나아졌다며 엉덩이를 털고 일어섰다. 뒤따라 일어선 나는 담이의 그림자를 안아주었다.

우린 이렇게 흉터를 자랑하며 생존 신고를 했고 연대의식을 다졌다. 여기 봐, 나도 있어. 가해자를 알아도 신고할 수 없어서 생긴 상처가 흉이 됐어. 그래도 멀쩡하게 살고 있고, 앞으로도 그럴 거야, 하며 살아내자는 묵언의 약속을 했다. 이런 일화는 나와 담이에게만 국한된 것이 아닐 것이다. 어제를 참고 오늘을 살려고 걸음을 재촉하는 중학생은 많았고, 많을 것이다. 대개 그 아이들 옆에 있는 어른은 상냥하지 않았고, 않을 것이다. 그들은 자기비하를 일삼으며 아이에게 스스럼없이 폭력을 가했고, 가할 것이다.

태주네는 가정폭력 조사에 걸릴 일 없는 가정이었다. 부모님의 과잉보호 때문에 숨 막혀 했지만, 태주는 몰래 결제한 콘서트 티켓을 담이네로 보내거나 감시의 눈을 피해 록 페스티벌을 다녀오기도 했다. 그런 태주를 때때로 부러워했는데, 대학교를 졸업할 무렵이 되자 반대로 태주가 본가를 떠난 나를 부러워했다. 취업준비생이 된 자신이 어디에 속하는지, 어떻게 자립해야 할지 혼란스러워하며, 내 자취방에서 얼큰하게 취한 채 이런저런 속내를 털어놓았다. 태주의 고민을 하찮게 듣지 않았다. 비록 내게는 '독립'이 '도망'과 동의어였지만, 그런 사정은 내 것일 뿐이니까.

여전히 담이와 태주와 나는 공통의 고통과 어디에서 왔는지 모를 질투와 박탈감을 함께 나눈다. 담이와 나는 유년 시절의 결핍으로부터 오는 '어른이 되지 못하는 어른'에 대해서, 태주와 담이는 취업 준비 기간이 주는 비참함에 대해서, 나와 태주는 여성으로서 느끼는 명확한 한계를 표현할 수 없는 사회적 위치에 대해서 토로(때론 토론)했다. '20대 청년'이라든가 'MZ세대' 같은 용어의 기본값에 우리가 포함될까. '청년'에서 여성이 배제되고, '20대'에서 가난이 고려되지 않고, 'MZ'를 '고생'을 모르는 세대로 취급하는 사회에서 말이다. 그러고 보면 열음이 한 말이 백번 옳다. 우리를 아는 건 우리뿐이다.                                    ▶▶▶

# 피아노

피아노는 희한하게 부의 상징이면서 가난의 상징이다.

부잣집에는 없으면 이상하고 가난한 집에는 있으면
의아한데, 후자의 경우 코딱지만 한 집에 코끼리만 한
피아노가 들어간다는 것과 기십만 원이 없어서 절절매며
사는데 기백만 원짜리 가재를 두드리며 산다는 것이 너무
아이러니해서 이상하다. 어쨌거나 이야깃거리가 되는 것은
가난한 집의 피아노다.

공공임대주택에 들어가 여생을 살길 바라는 「멀리
떨어진 곳의 이야기」 속 엄마는 하잘것없이 어느 아파트
모델하우스 경품 추첨에서 1등에 당첨돼 400만 원 상당의
피아노를 받는다. 제세공과금을 낼 돈이 없지만, 엄마는
언젠가는 피아노를 갖고 싶었다며 해맑게 좋아한다. 그리고
1년 뒤, 90만 원에 피아노를 판다. 월세를 낼 돈이 없었기
때문이다.

만두 가게를 해서 식구들을 먹여 살리는 「도도한
생활」의 엄마는 큰맘 먹고 둘째 딸을 위해 피아노를 산다.
세월이 지나 가세가 기울어 피아노를 팔자고 딸들이
성화해도(80만 원을 쳐준댔다) 엄마는 팔지 않고, 반지하에
사는 딸들에게로 보낸다. 딸들은 피아노를 이고 산다.

항시 팔릴 위기에 있는 가난한 집의 피아노가 우리 집에도
있었다. 크기로 보나 입성으로 보나 우리 집과 어울리지
않았던 피아노는 할아버지의 통 큰 선물이었다. 없는
살림을 쥐어짜 피아노학원에 보내놨더니 또래 중에서는
실력이 꽤 빨리 늘어 덜컥 콩쿠르 준비를 하게 된 것이
이유라면 이유, 화근이라면 화근이었다. 들뜬 내가

기특하고 안쓰러웠는지 엄마가 할아버지에게 피아노를
부탁했다. 손녀를 제 아들에게서 구제해줄 수 없었던
할아버지는 대신 피아노를 구해주었다.

　매일 정성스레 피아노를 닦아가며 연습한 아홉 살의
나는 전국 초등학생 콩쿠르대회에서 3위에 입상했다. 그
뒤로 피아노는 완벽한 내 보물이 되었다. 누구와도 나눠
쓰지 않아도 되어서 더 좋았다. 피아노학원을 그만두게
된 후에도 아빠가 술에 취해 거실에 널브러져 있지 않은
날에는 계란을 쥔 듯 둥글게 모양 잡은 손을 피아노 건반
위에 올리곤 했다.

어느 날 저녁 아빠가 외출한 틈을 타 피아노에 앉으려는데,
엄마가 급히 내 손을 낚아채더니 현관 밖으로 나섰다.
도착한 곳은 근처 지구대였다. 외상이 밀린 술집에서
또 술을 마시고 패악을 부린 아빠가 지구대 한구석의
의자에 눕다시피 앉아 있었다. 수치심을 모르는 불쾌한
얼굴. 엄마가 내 손을 놓고 아빠를 부축했다. 아빠는 발을
끌었고 엄마는 몸을 휘청거렸다. 오직 나만 똑바로 걸었다.
수치심에 충혈된 눈을 부릅뜨고.

　간밤의 해프닝을 뒤로하고 다음 날 학교에 갔다가
돌아와 보니, 피아노가 사라지고 없었다. 몸집 큰 가구가
있었다는 과거를 증명하듯 바닥에 먼지들만 날아다녔다.
그 좁은 집에서 피아노를 찾기 위해 돌아다니는 건
기괴한 짓이라 눈만 뻐끔거리며 망연히 집을 둘러보았다.
텔레비전이 없었다. 부엌 가스레인지 위에 늘 있던 곰솥도

없었다. 엄마가 가끔 팝송 테이프를 틀던 카세트도, 엄마의
화장대 구실을 하던 의자도 없었다.

　　어린이집 교사가 되기 위해 교육을 받고 있던 엄마가
집으로 돌아와 울고 있던 날 토닥이며 안아주었다. 엄마도
드문드문 우는 것 같았다. 소리 나는 물건이 증발한 집 안은
적막했다. 늦은 새벽, 집에 돌아온 아빠의 신발 벗는 소리가
쩌렁쩌렁하게 울렸다. 알코올향이 역한 아빠의 신음은
어제도 그랬듯 우리를 울렸다. 다음 날, 엄마가 어찌어찌
텔레비전은 찾아왔으나, 의자와 카세트는 찾지 못했다.
최상급 중고였던 내 피아노는 진즉 팔렸다고 했다.

그로부터 15년이 흘러 전자피아노를 산 나는 왕년에 전국
3위를 거머쥐었던 경연곡을 연주하며 날 위로하는데,
가끔은 건반 위 손끝이 선득해진다. 내가 아홉 살에서 한
치도 자라지 못했을까 봐, 영원히 자라지 못할까 봐.　　▶▶▶

# 가난하기 때문에 이것들을

부끄럽지만 열다섯 살부터 스물두 살까지 헤테로 연애를 쉰 적이 없었다. 10대 때 연애했던 J와는 금곡주공 후문에서 헤어졌다. 자기네가 못살 때 여기 살았다면서 추억 여행 하는 꼴을 더 보고 싶지 않았기 때문이다. 고3 여름부터 스무 살 여름 직전까지 사귀었던 T는 J의 이별 후 집착과 아빠의 가정폭력으로부터 잠깐씩 벗어날 수 있는 유쾌한 안식처였다. 하지만 교복을 벗고 같은 국립대에 진학한 이후, 우리는 각자 감당해야 하는 삶의 무게가 얼마나 다른지 알게 되었다.

집에서 용돈을 받으며 공부하고 데이트하던 그는 진탕 놀고 다음 날 수업도 적당히 빠졌지만, 나는 아르바이트를 하며 밤을 새우더라도 다음 날 수업에는 출석해야 장학금을 놓치지 않을 수 있었다. 그런 내게 T는 너무 '애' 같았다. 반대로 T에게 나는 사는 데 찌든 '애어른'이었다. 나도 "양수에서부터 어른"이었던 것은 아닌데. 우린 결국 헤어졌다.

이후 사귀게 된 같은 단과대에 다니던 D는 자상한 사람이었다. 공원에 소풍을 갈 셈이면 커다란 아이스박스에 직접 만든 삼단 도시락을 싸들고 왔다. 내 생일에는 애써 모은 아르바이트 월급으로 값나가는 지갑을 선물하기도 했고, 친구 자취방 부엌에서 미역국까지 끓여다 먹였다. 커플링에 꽃에 편지에, 그는 지치지 않고 내게 애정을 표했다. 집안 사정이 빠듯했으므로 아르바이트를 찾아 하며 용돈을 받지 않았고, 무려 졸업 전에 직장 근처에 구할 전세금을 모으는 것을 목표로 했다. 건실하고 반듯했다. 그러나 그는 집안의 '투자' 대상이자 가부장제에서 결코 자유로울 수 없는 장남이었다.

집안을 일으킬 유일한 희망이었던 그가 의대를 못 가고 K대 인문대에 온 것이 그의 부모에게 적잖은 실망을 안겼는데, 이어진 두 번째 실망 포인트는 아마 나였던 것 같다. 아빠가 죽고, 상심한 나를 위해 D가 여행을 준비해 가평으로 가던 버스 안, 그의 어머니가 내게 부재중 전화 47통을 남긴 것을 확인했다. 도대체 내 번호를 어떻게 알아냈을까. 더 무시할 수 없어 전화를 받았더니 날카로운 목소리가 들려왔다. **너 정말 맹랑하구나. 가정교육을 어떻게 받았니?** 가정교육 운운하시는 속이 빤했다. 내가 부친상을 당한 줄 아셨으니까. 세기의 로맨티스트 D와는 그래서 헤어졌다.

나는 정미경의 소설 「내 아들의 연인」 속 도란과 비슷했다. 재산 많은 부모를 둔 현과 사귀는 도란은 컨테이너에서 동생들과 살며 죽도록 아르바이트를 해서 영문학과 박사과정을 준비하고 있다. 현의 연애를 알게 된 엄마가 딸 명에게 도란의 이야기를 꺼냈을 때, 명은 "엄마, 돈이 있고 없고의 문제가 아니야. 두고 봐. 둘 사이에는 극복할 수 없는 계층의 문제가 있다고 봐"라며 현과 도란의 미래를 점쳤다. 곧고 맑은 인상의 도란이 내심 마음에 들었던 엄마가 남편에게 도란의 이야기를 꺼냈을 때, 남편은 "사돈 재산 넘볼 만큼 어렵지 않잖아, 우리. 돈을 크리넥스 뽑아서 코 풀 듯 쓰는 이 동네 애들보다 낫지 뭘 그래"라며 도란의 가난을 알뜰살뜰함 정도로 깎아내리면서 추켜올렸다. 나와 자신의 아들이 연애하는 것을 알았던 D의 엄마가 다른 이들에게 내 이야기를 하며 무슨 반응을 보았을지 상상이 됐다.

그러고는 스물넷까지 연애를 하지 않았다. 좋아했던 남자는 있었다. 언젠가 러시아로 유학을 가고 싶다고 해서 마음을 탁 접었다. 열등감 때문이었다. 애인들과 겉으로는 사랑싸움을 했지만 속으로는 계층 갈등을 겪고 있었다. 가난하면 온전히 사랑하는 마음을 누리지 못하는 걸까.

내가 처음 연애를 안 하겠다고 친구들에게 선언했을 때, 친구들은 믿지 않았다. 두 달만 지나면 남자친구 생겼다고 할 거면서 내숭이라고 핀잔을 줬다. 두 달이 지나 열두 달이 넘도록 남자 소식을 전하지 않자 슬슬 걱정을 하기 시작했다. 20대 초반에 연애를 안 하면 바보라는 둥, 많이 만나봐야 결혼할 때 좋은 남자를 만난다는 둥 잔소리를 해댔다. 솔직히 연애를 안 하니 돈이 생겨서 흐뭇했다. 데이트 비용으로 적금을 들 수 있었다. 아끼는 것과 안 쓰는 것의 차이가 통장에 찍히는 숫자로 드러났다.

연애 옹호론자들은 주창할 것이다. 자취방에서 떡볶이만 먹어도 행복한 것이 연애다! 하지만 애인과만 오붓하게 시간을 보낼 수 있는 자취방을 그리 쉽게 얻을 수 없으며 '지지리 궁상'과 '지난한 가난'은 전혀 다른 것이다. 그럼 연애 옹호론자들은 충고할 것이다. 마음이 가난한 게 진짜 가난한 거야! 나도 충고하자면, 지갑이 허한 게 진짜 가난한 거랍니다.

20대는 왜 이렇게 해야 할 일이 많을까. 돈이 부족해도 마음은 충만해야 하고, 최저임금을 받아도 사서 고생을 해야 하며, 학점에 취업 걱정을 하면서 연애도 해야 하고, 마른 지갑을 쥐어짜서 애인과의 기념일도 챙겨야 하고… 차라리 "가난하기 때문에 이것들을 / 이 모든 것들을 버려야 한다는 것을" 알게 된 편이 낫다. ▶▶┤

# 가난의 8할 또는 9할

이것은 실은 훨씬 긴 이야기다. 내 가난의 8할을
차지하지만 9할까지는 아닌 이야기. 쉬쉬하지만 알고 보면 소문 난 이야기. 남과 견주어 특별할 것도 비밀일 것도 없는 이야기. 털어놓고 보면 평범한 이야기. 털어놓기까지 꽤 걸린 이야기. 그러니까, 가족 이야기다.

엄마의 유년기는 크게 부족하지 않았다. 주민등록상 75년생인 엄마는 함안에서 태어나 초등학교 때 부산으로 이사를 왔는데, 그즈음 외할아버지와 외할머니가 이혼을 하시며 친척집을 전전하며 지냈다. 기계체조 선수가 되고 싶었으나 집안 형편이 여의치 않아 포기했고, 부산의 한 백화점에 취직해 판매 사원으로 일하던 아빠를 만나 결혼했다. 딸의 일거수일투족을 캐묻던 외할아버지로부터 벗어나고 싶었던 것도 이른 결혼에 한몫을 했다.

　대대로 전북 완주 어느 마을 유지의 장남이었던 아빠는 맵시 있게 뻗은 소나무 몇 그루가 심어진 정원 딸린 집에서 자랐다. 나의 증조부는 마을에 기증할 정도로 땅이 많았다고 한다. 공부에 영 뜻이 없었으나 아빠는 손찌검이 잦은 아버지를 피해 전주에 있는 고등학교로 진학했고, 대학도 전주에서 나왔다. 본래 아들에게 애정을 주지 않았던 할아버지는 대학 공부를 마치고 귀향한 아들에게 여전히 박했고 여전히 밥상에서 아빠에게 숟가락을 던졌다. 아빠는 다시 할아버지를 피해 부산으로 갔다. 무슨 평행이론인지, 할아버지가 서울 백화점에서 일하던 할머니를 만나 결혼했는데, 아빠도 백화점에서 엄마와 만났다.

　예비 시어른께 인사를 드리러 갔을 때, 소나무 한

그루의 가격이 호가 3,000만 원이라는 소리를 들은
데다 최신식 노래방 기계와 영롱한 자개장, 고급스러운
갈색 통가죽 소파가 집 안을 채우고 있어 엄마는 내심
든든했다고 한다. 아이를 낳으면 조금은 보태주시겠지,
하는 기대도 약간 품었다. 아빠 나이 서른, 엄마 나이
스물넷, 그리고 내가 7개월 된 태아일 때 외할아버지의
줄기찬 반대에도 불구하고 둘은 결혼식을 올렸다.

예상과 달리 엄마는 생활고에 갇혔다. 아빠가
교통사고로 시력을 잃은 것이 발단이었을 것이다. 이후
엄마도 교통사고를 당해 무릎을 크게 다쳐 우리 집은
경제활동인구가 전혀 없는 가구가 되었다. 그사이
나는 완주에 맡겨졌다. 아빠의 눈 치료에 진력하고자
함이었으나, 아빠는 병상에서 꼼짝 못 하는 엄마의 지갑을
더듬더듬 뒤져 신용카드를 들고 술집을 드나들었다.
엄마의 머릿속에 각인된 로즈데이니 해피해피 같은
술집에서 한도 초과가 나올 때까지 술을 마셨다.
　　신혼부부의 생활이 파탄 난 결정적인 이유는 교통사고
후유증이라기보다 술이었다. 결혼 전부터 아빠는 술
문제로 말썽을 일으키곤 했다. 외할아버지가 술에 취한
아빠를 업어 택시에 욱여넣어 보냈다거나, 무전취식으로
신고된 아빠를 데려오려고 엄마가 경찰서에 달려가 가게
주인에게 술값을 대신 치른 적도 있었다. 그때 이미 엄마의
배 속에 내가 있었다. 아빠는 사는 동안 쉬지 않고 술을
마셨다. 마치 하루치 마실 양을 다 마시지 못하면 지구가

폭발할지도 모른다는 망상에 시달리는 히어로 같았다.

　어느 날, 사리 분간을 못 할 정도로 술에 취한 우리의
히어로가 택시를 탔다. 그러고는 부산 집이 아니라 완주
본가로 향했다. 아마 어디로 가는지 당신도 몰랐을 것이다.
고주망태가 되어 택시에서 내린 아빠를 할아버지에게
들키지 않게 하려고 할머니와 옆집 살던 큰할머니가 각고의
노력을 했으나 이내 발각되었다. 아빠가 할아버지에게
두들겨 맞았다. 나를 들쳐 업고 있던 할머니가 **느이 아빠
죽는다, 죽는다** 하며 앓는 소리를 냈던 것이 기억난다.

　그 뒤로는 기억이 장면 장면 끊어진다.

　코에서 피를 철철 흘리던 아빠, 구급차를 부르던
큰할머니… 할머니가 큰할머니네서 나왔던가… 고급스러운
갈색 통가죽 소파 위에 내던져진 내가 얼어붙은 채 할머니를
눈으로 좇는데, 부엌에서 페트병을 들고 나온 할머니가
벌컥벌컥 들이켜고… 갑자기 오는 손님들… 사촌오빠와
내가 색종이 접기를 하다가 옥수수밭에서 메뚜기를 잡아
아기 때 쓰던 젖병에 가뒀고…

나중에 엄마가 알려주었다. 할머니가 농약을 마시고 내
눈앞에서 자살했으며, 집에서 상을 치렀다는 것을 말이다.

할머니의 장례를 마치고 나는 엄마의 손을 잡고 부산으로
왔다. 영아기에 데면데면하게 지낸 엄마와는 금방
친해졌다. **니네 때문에 우리 엄마가 죽었어,** 라며 우리를
탓하던 아빠 덕분이라면 덕분이었다. 아빠는 어릴 때부터

할아버지로부터 당했던 폭력에 대해서는 일언반구 없이, 자신을 데리러 오지 않은 엄마(엄마는 그때 교통사고 후 입원 중이었다)와 할머니를 말리지 않은 네 살짜리 나를 탓했다. "폭력은 그렇게 약자의 몸을 겨냥하며 멈추지 않고 대물림되었다."

밤마다 취하는 아빠란 사람을 등지고 누워 두 눈을 꼭 감았다. 할머니가 보고 싶었던 것도 같은데, 그보단 저 아저씨가 얼른 쓰러져 잠들었으면 좋겠다고 바랐던 것 같다. 자는 중에도 반찬통이 깨지는 소리, X새끼야 XX새끼야 욕하는 소리, 텔레비전이 지지직거리는 소리를 들었다. 눈을 떠보면 엄마가 날 안고 있었다. ▶▶▶

# 아빠ἀ/가 떠나다

스물한 살의 가을에 캐리어를 끌고 본가에 들러 책들을
챙겼다. 어차피 내 짐이라고는 책뿐이었다. 살림 집기가
아빠의 외상값으로 하나둘 처분되는 동안, 돈으로 바꾸기엔
헐했던 책들만이 살아남아 있었다.

    허겁지겁 책을 담는 나를 초점 없는 눈으로 빤히
쳐다보던 아빠의 주위에서 술 냄새가 진동했다. 짙은
쌍꺼풀이 맥없이 풀려 있었다. 진한 쌍꺼풀은, 곧 죽어도
외탁했다고 주장하는 내가 인정할 수밖에 없는, 아빠와
닮은 구석이었다.

**끝내자, 이제.**

전에 없이 아빠를 오래도록 응시하며 속으로 말했다.

**아빠가 내 피아노를 버렸듯 나도 아빠를 버려야겠어. 우리, 다시는 보지 말자.**

집을 나와 기차를 타서 창문에 비친 나를 보았다. 비집고 나오는 울음을 참을 수 없었다. 동대구역을 빠져나와 택시를 타기 전까지 천천히 걸으며 숨을 골랐다. 21년이면 많이 참았어. 약해지지 말자. 돌아보지 말자. 옳은 선택을 한 거야. 내가 딸인지 아내인지도 구분하지 못하는 아빠는 잊어버려도 돼.

스무 살 여름, 일하던 학원의 방학을 틈타 이틀 동안 부산에 머물렀었다. 아르바이트를 해서 모은 돈으로 엄마와 아빠를 데리고 백화점으로 향했다. 술에 입도 안 댄다며 호언하던 아빠가 전기면도기 매대 앞에서 서성거리기에 사 주었다. 대구로 돌아온 내게 엄마가 전화로 전했다. 느이 **아빠가 전기면도기를 엄청 아껴서 쓴다. 그리고 물어보더라. 네가 예쁘게 생긴 편이냐고. 웃기지?**
　　반년쯤 지나 설 연휴에 찾아간 본가에서 본 장면은 옛날과 똑같았다. 아빠는 다시 차에 기름 넣듯 위에 알코올을 넣었다. 5만 원어치요, 7만 원이요. 대체 어디까지 가려고 저리 채우는 걸까. 얼마나 더 가야 멈출까. 아끼고 아껴서 전기면도기를 세 번쯤 썼다던 아빠의 얼굴에 수염이 덥수룩하게 자라 있었다. 전기면도기 하나에 해사하게 웃던 여름의 아빠는 겨울에 칼을 들고 식구를 위협하는 가정폭력 가해자로 돌아왔다. 아빠가 식칼을

들고 다 죽여버릴 거라고 주정하는 소리에 나도 벌떡 일어나
어디 한번 찔러보라고 맞받았다. 제발 날 찌르고 감옥에
가라고 악다구니를 썼다. 술기운에 못 이긴 아빠가 먼저
주저앉았다.

나는 엉망진창이 된 아빠의 모습을 사진으로 찍어
생전 처음 고모에게 메시지를 보냈다. 전화번호만 알고
있을 뿐, 왕래가 없었고 연락할 일도 없던 사이였다. **고모,
처음으로 보내는 메시지이고 설 연휴인데 이런 연락을
드려 죄송합니다. 저는 아빠를 감당할 수가 없습니다. 저 좀
도와주세요.**

메시지를 읽었다는 표시가 떴지만 고모는 답장하지 않았다.
할아버지는 할머니가 자살한 이후 아빠와 무관한 사람처럼
굴었다. 제 가족도 저버린 인간을 가족이 되고 싶어 된 것도
아닌 내가 감당할 이유가 없었다. 엄마에게 제발 이혼하라고
사정하다가 화를 내다가 다음 날 아침에 대구로 도망치듯
올라왔다. 얼마 후, 시각장애인 남편을 '버렸다'는 죄책감이
무서웠던 엄마가 드디어 별거를 선언하고 열음이네로 몸을
피했다. 이 선택을 하기까지 20년이 걸렸다. 엄마가 아빠를
떠났다는 소식을 듣고 머리끝부터 발끝까지 상쾌해졌다.

그렇다고 아빠에 대한 책임이 사라진 것은 아니었다.
엄마는 일주일에 한두 번씩 반찬과 먹을거리를 사 들고 가
아빠를 설득했다. 나는 할 수 있는 것보다 더 일을 늘렸다.
엄마와 나의 계획은 간단했다. 엄마와 아빠가 합의 이혼을
하고, 우리 셋 모두 각자 사는 것이었다. 대신 아빠는 내가

번 돈으로 알코올중독 치료 병원에 입원하고 치료가 끝나면 엄마가 가끔 들여다보며 아빠의 여생을 돌보기로 했다. 다른 집은 자식을 독립시키는 시기에 우리 집은 아빠를 독립시켜야 하는 상황이 어이없었지만, 어쨌든 될 줄 알았다.

처음에는 입원하겠다던 아빠였다. 그 말을 믿고 나는 달마다 80만 원을 모았다. 그러는 동안에도 아빠는 술에 절은 목소리로 내게 음성메시지를 남겼다. 나는 부모도 모르는 년이 됐다가, 우리 딸이 됐다가, XX년이 되었다. 서로 헤어지는 과정이라고 생각하고 참았지만, 결국 쌓이는 메시지를 확인하지 않게 되었다. 통장에는 아빠 병원비로 240만 원이 쌓여 있었다.

겨울 계절학기에 '희곡의 이해'를 듣고 있는데, 엄마에게서 문자가 왔다. **아빠가 잘못된 것 같아.** 교실에서 어떻게 나왔는지는 기억나지 않는데, 택시에 올라타 아빠가 남긴 음성메시지들을 연이어 들었던 순간만은 선명하다. 다 잘못했으니 제발 전화를 받아달라고 애원하는 아빠의 목소리. 나는 대성통곡했다. 죽어줬으면 하고 바라기까지 했었으니 아빠의 부재에 대한 슬픔 때문은 아니었을 것이다. 그 눈물을 설명하는 것은 거의 불가능하다. 꺽꺽 숨넘어가게 우는 내게 택시 기사님이 물었다. **아가씨, 무슨 일이에요? 괜찮아요?** 울음을 참는 끅과 끅 사이에 **아, 빠가, 돌아, 가셨, 나봐요,** 라고 글자를 끼워 넣어 답했다. 기차역에 날 내려주며 기사님은 택시비를 받지 않으셨다.

그날은 12월 21일이었다. 크리스마스이브이자 아빠의
생일이 3일 남은 보통의 날이었다.

장례식은 치르지 않았다. 문상객들에게 아빠의 죽음을
설명하기가 괴로워서였다. 아내와 딸이 나간 집에서
혼자 지내다가 술 한 병을 비우고 우울증 약과 수면제를
구분하기에는 너무도 약한 시력이라 손에 잡히는 대로
털어넣고는 미안하다, 사랑했다, 라는 메모인지 유언인지를
남기고 번개탄을 피워 자살했어요, 라고 말하고 싶지
않았다. 아빠와는 한집에서 살 수 없다던 할아버지에게
부고를 전하며 송곳 같은 말을 뱉었다. **죽어도 같이 못
산다던 당신 아들이 죽었습니다.**

염하는 모습은 차마 볼 수 없어서 엄마만 들어갔다.
내가 태어나면서 시작된 우리 집의 불운이 한 명씩 목숨으로
대가를 치러야 끝나는 데스게임처럼 느껴졌다. 할머니,
아빠. 다음은 나일까. 화장하는 것은 볼 수밖에 없었다.
화장을 마친 자리에 하얗게 마른 정강이뼈가 보였다.
반바지를 입고 앙상한 정강이를 드러낸 채 앉아 있던 술
취한 아빠가 떠올랐다.

장례라는 것은 식을 치르지 않으면 정말 짧고 간단했다.
할머니의 무덤 옆이 아빠의 묫자리였다. 아빠를 묻고 나니,
날 괴롭히던 아빠가 이제 편안했으면 좋겠는 아빠, 그간
질리도록 괴롭혔으니 하늘에서는 부디 나와 엄마를 굽어
살펴주면 좋겠는 아빠가 되었다.

장지에서 나온 엄마와 나는 경찰서로 향했다. 병원이 아닌

집에서 사람이 죽으면 경찰이 타살 가능성을 확인하기
위해 유족을 대상으로 조사를 진행한다. 아버지의 죽음이
자살이 맞습니까? 그 시각에 두 분은 뭘 하셨습니까? 따님이
대구에 있었던 것이 확실합니까? 아버지가 남긴 유서의 내용은
무엇이었습니까? 아버지가 번개탄을 따님 방에서 피웠던
것을 알고 계시나요? 평소 사이가 어땠습니까? 차분하게
대답하기가 힘들었다. **아저씨, 저 모르세요? 여섯 살부터
아빠 때문에 경찰서에 들락거렸잖아요. 다 아시잖아요.
그냥 빨리 처리해주세요, 제발.** 바들바들 떨며 새된 소리를
지르자 엄마가 내 손을 꽉 잡았다. 내 새끼, 불쌍한 내 새끼.
엄마의 음성도 파르르 떨렸다.

아빠는 4,800만 원을 남겼다, 빚으로. 장례 후 엄마를
돌보지도 않고 대구로 올라왔던 나는 이 빚이 내게
상속되지 않도록 구청, 법률사무소, 법원을 수차례
방문해야 했다. 알 수 없는 서류 한 뭉텅이를 들고 한정승인
절차를 밟던 그때가 스물한 살이었는데, 세상은 아버지의
사후를 관리하고 처리하는 일을 척척해내야 마땅한
성인으로만 나를 대했다.
　　계절학기 수강과 학원 일을 하면서 이 건을 처리했다.
한겨울에 시내를 쏘다니며 손발이 시렸을 텐데 감각이 고장
났는지 잘 느껴지지 않았다. 한 달 반을 매달린 끝에 법원
앞 버스정류장에서 한정승인이 완료됐다는 문자를 받았다.
문득 귀가 엄청 시렸다. 아, 쌍꺼풀만이 아니었네. 귀도
아빠를 닮았지. 코도 아니고 정수리도 아니고 하필 귀가

시려서 짜증이 났다. 왜, 나는, 아빠가 이런 식으로 죽어서. 왜, 하필 이 겨울에 아빠가 죽어서. 어째서 나는 혼자 이렇게. 뼈가 삭을 것처럼 아팠다. 가혹했다. ▶▶▏

# 일가친척 1: 외할아버지와 외삼촌

이제 그만 죽어야겠다고 결심할 즈음마다 외할아버지가
날 보러 왔다. 구포시장이나 화명동 어딘가에서 밥을 한 끼
같이 먹고 헤어지곤 했다. 노쇠한 몸을 일으켜 날 찾아온
외할아버지를 만나면, 삶의 게이지가 조금 올라갔다.

　　그러던 외할아버지가 돌아가셨다. 고2 겨울방학에
학교에 나가 자율학습을 하던 중이었는데, 엄마에게서
전화가 왔다. 나는 전화를 받으면 교실에서 나가야 한다는
것을 직감했다. 아니나 다를까, 엄마의 목소리가 흔들렸다.
**외할아버지 돌아가셨으니까 빨리 가방 챙겨서 나와.**

　　5일 전, 간장게장을 먹기로 한 날이었는데
외할아버지가 나오질 않으셨다. **약속은 칼인 양반이 무슨
일이야.** 불평과 걱정이 섞인 말을 뒤로하고 엄마와 댁으로
가보니 외할아버지가 쓰러져 계셨다. 급히 병원으로
이송했지만 뇌혈관이 터져 오래 버티지 못하실 거라며
의사가 말했다. **마음의 준비를 하시는 게 좋겠습니다.** 엄마는
속절없이 주저앉아 울다가 외삼촌에게 전화를 했다.

　　장례식장에서 외삼촌을 처음 봤다. 엄마를 안아주고
다정한 서울 말씨로 내게 인사를 건넸다. 외할아버지는
영화과에 진학한 삼촌이 미워서 의절한 채 사셨다.
그러나 버젓이 유명 영화감독이 된 삼촌의 부친상 소식에
연예인들이 빈소 복도를 가득 메울 만큼 근조화환을

보냈고, 이름을 모르기가 어려울 연예인의 화환을 구경하겠다고 옆 빈소 상주들과 조문객들이 몰려들었다. 이 금의환향을 할아버지가 환영하셨을까. 아무튼 엄마는 흐뭇하게 삼촌을 바라봤다. 장례비용도 삼촌이 척척 계산했고, 외할아버지의 영정 사진을 내가 들게 했으며, 엄마가 원하는 대로 납골당 자리를 조정했다. 외삼촌이 지금껏 우리 집의 가난과 자기 동생이 당하던 가정폭력에 대해 묵과해왔던 것인지, 전혀 소식을 몰랐던 것인지는 이제와 알고 싶지 않다. 안다고 좋을 것도 없다.

외삼촌이 알면 어떤 표정을 지을지 모르겠는 일화가 하나 있다. 이것이 동생과 조카의 가난을 눈감았던 삼촌에 대한 미약한 복수가 될지도 모르겠다. 외삼촌의 입봉작이 극장에 걸렸을 때, 나와 엄마 그리고 외할아버지가 함께 보러 갔었다. 돈도 안 되는 예술 취급을 하실 때는 언제고, 외할아버지는 외삼촌이 감독한 영화의 포스터를 보고 있는 한 관객에게 다가가 자랑까지 하셨다. **이거 내 아들이 만든 영화요**. 몇 번을 그랬다.

외할아버지의 장례식을 예식답게 치른 삼촌을 보며 가늠해봤다. 나도 아빠에게 이만큼 해줄 수 있을까. 해줄 수 있을 것 같았다. 단, 나도 외삼촌처럼 한 20년 아빠를 안 보고 살면 기꺼이 해줄 수 있을 것 같았다. 아빠는 이로부터 3년 뒤에 죽었다. ▶▶

# 일가친척 2: 할아버지와 고모

고모와 연락이 닿은 것은 할아버지가 돌아가시고 난 후였다.

아빠가 죽고 난 뒤에도 할아버지께 철마다 안부 전화를
드렸지만, 언젠가부터 내 전화를 빨리 끊고 싶어 하시는
기미가 보여 그 뒤로 연락하지 않았다. 어쩌면 할아버지의
부고를 듣지 못할 수도 있겠다고 생각했다. 우리를
가족으로 묶은 실은 너무 닳고 닳아서 끊어지기 직전이었고,
아마 우리가 모르는 새에 투둑 미약한 소리를 내며 이미
끊어졌을지도 모를 일이었다. 억지로 잇고 싶진 않았다.

기장에 맛있는 밥집이 있다 해서 엄마와 나들이를 갔던
화창한 날에 고모의 이름으로 문자가 한 통 왔다. 잊고 살던
할아버지의 이름 아래로 수원의 한 장례식장 주소가 적혀
있었다. 돌아가셨구나. 왈칵 눈물이 터졌다. 왜 눈물이
났는지 모르겠다.

　　고모에 따르면, 할아버지는 아빠를 앞세우고
1년쯤 지나서부터 치매 증세를 보였다. 이웃집에 가
돌아가신 할머니가 여기서 자고 있느냐고 묻는 등 증세가
심해지시더니 폭력적인 성향까지 보여 요양원에 모셨다고
했다. 돌아가시며 집 한 채와 현금 약간을 유산으로
남기셨고, 그중 내 몫을 꼭 챙겨주겠다고 했다.

　　술에 절어 쓰러진 아빠의 사진을 보낸 이후 메신저에서
차단당한 전력이 있지만, 엄마가 그 집과 계속 엮이는 꼴을
볼 수 없어 고모에게 바로 문자를 보냈다. **엄마와 연락하지
마시고 앞으로의 일은 저와 의논해주십시오.** 성인이 된
조카를 상상할 수 없었던 고모는 건성으로 알았다고 답장한
후 모든 논의에서 날 제했다.

어릴 때는 친가에서 가끔 고모네를 만났다. 그는 자식들을 먹일 산양유와 어린이 비타민, 칼슘 사탕, 아기용 생수까지 싸 오는 엄마였다. 시골 물은 똥물이냐며 할아버지가 핀잔을 줬지만 고모는 아랑곳하지 않았다. 할아버지는 고명딸을 몹시 아꼈다. 카스텔라를 손에 쥐어주면 옥수수랑 바꿔 먹던 아빠보다 카스텔라 중에서도 고급만 찾던 고모가 결국 더 잘살지 않느냐는 레퍼토리로 할아버지는 아빠와 엄마와 나를 뭉갰다. 밥상에서 유달리 음식을 가려 먹던 고모를 나는 몹시 미워했다.

고모를 계속 미워하지 않을 이유가 없었다. 도와달라는 내 말에 손을 내밀어줬다면, 내 번호를 차단하지 않았다면, 아빠의 입원 수속에 함께 서명을 해주었다면, 내가 돈을 벌 수 없었을 때 알코올중독 치료비를 다만 얼마라도 지원해줬다면… 아빠가 그렇게 죽지는 않았을지도 모른다고, 고모도 아빠 죽음에 지분이 있다고 생각했다.

장례식장에는 가지 않았지만 며칠 뒤 할아버지의 유골이 안치된 납골당에 가 마지막 인사를 드렸다. **할아버지, 늦게 찾아와 죄송합니다. 제가 어른이 될 시간이 필요했거든요. 어떤 어른이 됐는지는 모르겠지만, 적어도 상처받은 아이였던 시절을 체로 한 번은 거른 것 같습니다. 돌아가신 분께 원망은 하지 않겠습니다. 갓난쟁이였던 제게 주셨던 사랑은 잊지 않고 있습니다. 제가 겪은 가난과 폭력을 방관하거나 공모했던 어른과 가족을 용서하기로 했습니다. 왜 용서했나 후회할 날이 올지도 모르겠지만 일단은**

해봅니다. 가족이 문드러지는 동안 저를 구해주었던 것들이 가족 밖에 있었으므로, 또 앞으로도 있을 것이라고 생각하면 다 괜찮습니다. 또 오진 않을 겁니다. 노여워 마세요. 저를 지켜보시다가 혹 제가 이상한 결혼을 할 것 같으면 하늘에서 벼락을 쳐주세요. 할아버지도 그 정도는 해주셔야 합니다.

1년 뒤 할아버지의 기일에 맞춰 고모에게 문자를 보냈다. 내 몫의 유산을 아직 정리해주지 않았음을 알리는 우회적인 알림이었다. 20년간 아빠로부터 당한 고통을 보상해달라는 간접적인 언질이기도 했다. 가족이란 얼마나 무서운지. 혈연이라는 이유로 우리 모녀처럼 폭력의 피해자가 되고도 도망치지 못하거나, 고모처럼 불쑥 날아오는 연좌의 청구서를 받아들게 되는 것이다. 6개월쯤 지나 2,500만 원이 입금되었다. **확인했습니다. 건강하세요.** 이것이 아빠와 연결된 사람과의 마지막 연락이었다.

나는 가난을 말할 때 가족을 맨 뒤에 배치한다. 가족이 그 모양이니까 그렇게 됐지 따위의 말을 듣고 싶지 않기 때문이다. 불행한 가족과 가난을 세트 취급하는 클리셰가 지겹다. 내 가난은 가족이 아니라 교통사고, 알코올중독, 여성의 경력 단절과 저임금, 젠더폭력 및 가정폭력과 세트였다. 날 불행하게 했던 것은 교통사고, 알코올중독, 여성의 경력 단절과 저임금, 젠더폭력 및 가정폭력이(었)다.

>>>|

자살 생존자

3대째 자살한 사람이 되면 기사에 날까. 이대로 천장이
내려앉으면 좋겠다. 잠들었다가 아빠처럼 영영 깨어나지
않으면 어떡하지. 최고의 죽음이네. 완전 날로 죽는 거지.
방바닥의 번개탄 자국은 지워졌나. 연기가 풀풀 나지
않았을까. 아무도 연기를 못 본 건가. 계절학기 망함. 재난
문자. 아빠가 잘못된 것 같아. 이른 폭염 경보. 아빠가 잘못된
것 같아. 1학기도 망함. 미안하다 사랑했다. 아빠의 유서가
드라마 제목이랑 비슷해서 우습다. "이상한 유언을 쓰다가 /
부끄러워 살고 싶어"졌을 법도 한데. 휴학. 잘못된 아빠에게
들어간 돈. 아빠 병원비가 될 줄 알았던 돈. 수의도 싸게
하고 관도 싸게 했는데. 너무 싸구려였나. 엄마랑 갔던 세부
여행은 후회 말자. 아빠가 남겼던 음성메시지를 안 들어서
후회를 했던가. 무연고자면 좋겠다. 아무데서나 죽게. 학원.
월급. 삶을 영위하다. 땡. 삶을 마감하다. 딩동댕. 일어나기
싫다. 일어날 수 없어. 침대 매트리스랑 프레임 사이에
압착돼서 죽고 싶다. 죽고 싶다. 싫다. 죽고 싶다. 억울하다.

씩씩거리며 한정승인 절차까지 혼자 처리했지만, 나는
망가지고 있었다. 나는 내가 자살 생존자라는 사실을
받아들일 수 있을 줄로만 알았다. 비자발적 빈곤과
알코올중독 아빠가 있다는 사실을 받아들였던 것처럼.
하지만 처참하게 실패했다.
　　친구가 교내 심리상담센터에서 10회 무료 상담을
해주니 가보라고 했다. 가난하게 살다가 가난하게 죽으면
무지하게 억울할 것 같아서 상담을 받으러 갔다. 친절하게

날 맞아준 센터 직원은 진로, 연애, 학업, 취업, 심리
상담이 가능하다고 알려주었다. **심리 상담을 받고 싶어요.**
**어떤 종류의 심리 상담을 원해요? 가족 관계요.** 대답과
동시에 눈물이 줄줄 흘렀다. 사전 질문 단계에서 통곡하자
직원이 서둘러 날 상담실로 안내했다. 나는 보온 머그컵에
둥굴레차를 우려 마시던 여자 상담 선생님과 마주 앉아
눈물을 훔쳤다. 그리고 무엇을 털어내야 하는지 익히
알았던 것처럼 네 살 때 기억부터 흘려보냈다. **아빠 코뼈가**
**깨졌어요. 할아버지가 때려서요. 할머니가 자살하셨어요.**
**농약을 마셔서. 엄마가 아빠랑 이혼하길 바랐는데.**
**기초생활수급자로 살았어요. 아빠는 정신과에 다녔어요.**
**입원 치료는 못 했고요. 아빠도 자살했어요. 제 방에서**
**번개탄을 피웠대요. 그 집은 나왔죠. 휴학했어요. 자꾸 자살**
**생각을 해요. 근데 안 죽고 싶어요. 못 죽겠는 건가. 너무**
**억울해요. 가족에게 받은 것이 하나도 없는데 자살 DNA**
**같은 걸 물려받았으면 어쩌죠. 그런 유전자가 있나요?**

막상 입을 열자 남 애기하듯 술술 말이 나왔다. 상담
선생님은 내 상태를 이렇게 정의했다. **자신의 상황에 대해**
**감정적 표출을 하기 전에, 그것을 일단 해결해야 했기에 감정과**
**유리된 선택의 순간을 끝없이 마주하느라 남의 일처럼 자신의**
**일을 판단하게 된 거예요.** 부드러운 말투로 상담을 이어가던
선생님의 말이 잠시 끊어졌다. 생선 바르듯 낱낱이 내
기분과 내 생을 분석해주길 바랐으므로 쉼표마저 어떤
중요한 의미가 있을 것 같았다. 그의 다음 분석은 대단히
짧고 쉽게 알아들을 수 있었다. **고생했어요.**

누가 머리 위에서 양동이로 눈물을 들이붓는 것처럼 눈물이 쏟아지기 시작했다. 고생이 아닌 생이 있기는 했나. 휴지 한 통을 비우며 눈물 콧물을 닦는 나를 선생님은 묵묵히 기다려줬다. 그러고는 하얀 도자기 머그에 둥굴레차를 우려 내주었다. 하얀 김이 올라왔다. 선생님은 매주 차 한 잔을 마시러 오라며, 어떤 차를 좋아하는지 물었다.

무료 10회 상담이 끝날 때까지 상담실에 갔다. 나는 무언가를 고백하거나 설명하지 않고 질문했다. **미성년 자녀에게 성인 부모가 응당 해야 하는 의무란 무엇인가요? 제가 선택한 것이 없으니 제겐 잘못이 없다는 선생님의 말을 믿어도 되나요? 가족에 대한 제 로망은 이미 일그러졌겠죠? 아빠를 그만 원망하고 용서해야 할까요? 저의 불안은 가족에 대한 것일까요. 가난에 대한 것일까요? 왜 가족의 가난이 저의 가난이 될까요?**

상담을 하며 나는 할머니, 할아버지, 외할아버지, 고모, 엄마, 아빠에게서 한 발씩 멀어졌다. 11회째부터는 상담료를 낼 수 없어서 상담을 받지 못한 내게 아직 해소하지 못한 질문이 있다. 2,000원이면 샀을 번개탄으로 죽은 아빠와 죽지 않고 입원해 월 80만 원짜리 치료를 받았을 아빠 중 내게 더 깊은 가난을 안겨줬을 아빠는 누구일까. ▶▶▶

## 시간이라는 자원

H관 룸메이트들과 살면서 내가 제일 많이 했던 말은
'잘자'였다. 학교로 출근했으나 아르바이트 직장을 거쳐

퇴근해 돌아오면 언제나 잘 시간이었기 때문이다. 대충 씻고 늦게까지 과제를 했다. 몇 시간이나 잘 수 있을지 계산하는 날들을 반복하며 노동시간만큼만 잤으면 좋겠다고 생각했다. 수면이 극도로 부족했다.

사실 진짜 부족한 것은 시간이라는 자원이었다. 다음 날의 노동력을 재생산하기 위해 질 좋은 식사를 할 시간, 질 좋은 수면을 할 시간, 질 좋은 대인관계를 통해 정서적 안정을 되찾을 시간이 없었고, 미래를 계획할 시간도 없었다.

'취업 준비'라는 말이 그래서 어색하다. 문예창작과에 진학하고 싶었으나 입시 과외를 받아본 적 없고(문예창작 입시 과외가 월 70만 원이었다), 합평에도 나가본 적 없다. 그 시간들이 엄마의 시급과 나의 시급으로 환산되었기 때문이다. 사회적 관계를 만들고 유지하는 데에도 돈과 시간은 필수다. 내가 각종 행사를 거절하는 상용구는 하나였다. 시간이 없어서요. 이 말은 곧 돈이 없어서요, 와 동의어였다.

청년의 빈곤에 대해 질적 방법론을 시도한 연구는 매우 적은데, 연구 대상자들은 하나같이 시간 자원이 부족하다고 말한다.

"방학이 다른 계층의 청년들에게는 재충전의 시기이고, 영어공부, 해외여행 등을 통해 이른바 '스펙'을 확장할 시기인 반면, 그에게는 '일하고 돈 벌어야 하는 날'이다."

"등록금을 위해 방학 때마다 돈을 벌어왔는데 최근에는
심지어 12시간씩 일하고 있다."

"돈이 좀 많았으면 친구도 더 잘 만났을 거 같고,
해외여행도 많이 가봤을 거 같고. 회계사든 세무사든 어떤
큰, 준비 기간이 긴 시험을 준비하는 도전을 했을 수도
있을 것 같지만 애초에 안 된다는 생각이 있었기 때문에 다
제한된 상태로 다녔고 대학을 되게 우울하게 (다녔어요).
(중략) 가족이든, 정부 기관이든, 또 장학재단이든 어떤
식으로든 나에게 경제적인 지원만 있었으면 시간적으로
여유가…"

가난한 사람은 누구보다 강력하게 지금의 현실을 벗어나고
싶지만 누구보다 강하게 현실에 묶여 있다. 살기 위해 했던
학원 일로 이력을 채워온 나는 언젠가 학원을 창업하겠다고
생각한다. 이 계획이 의외로 자연스러워서 깜짝깜짝
놀란다. 학원 일이 언제부터 나의 장래 희망이 되었나.
앞으로 어떤 일을 할지, 어떤 사람으로 살지 고민을 이어갈
시간이 없다. 내가 미래를 고민하다가 써버린 시간에 돈을
쳐줄 사람이 없기 때문이다.                                  ▷▷▷

## 항상적 과로

시급 6,030원짜리 고깃집에서 아르바이트 직원들이 손님이
남긴 고기를 주워 먹는다는 것을 모르는 사람은 없었다.
처음엔 비위가 상해서 기름이 굳어가는 불판 근처에
얼씬하지 않았다. 생활비의 씨가 마른 날, 마른 입술을

침으로 적시며 동료들을 소환했다. **여기 고기 엄청 남겼어!** 불판 위에서 식어가던 고기 몇 점이 내 저녁이었다.

G힐에 살게 됐을 즈음엔 밥 먹을 짬이 없었다. 학교 수업과 학원-과외 시간표를 규칙적인 식사 시간에 맞춰 짤 수 없었기 때문이다. 그래도 자취를 시작했다고 처음 한두 달은 장을 봐 와 손수 밥을 지어 먹었는데, 금세 전자레인지에게 조리장의 자리를 넘겨주었다. 학원 옆 버거집과 학교 앞 컵밥집이 내 단골 식당이었다. 13시간씩 일했던 주말엔 버거도 씹지 않고 삼켜야 했다. 나가기조차 귀찮으면 학원에서 컵라면을 먹었다. 학원강사의 주식은 사실 컵라면이다. 스물부터 스물한 살까지 1년을 이렇게 지냈더니 「생로병사의 비밀」에 섭외될 몸뚱이가 됐다. "빈곤한 식사는 쌓이고 쌓여 어느 날 질병이라는 청구서로 날아"왔다. "배만 채우는 식사는 건강을 담보로 잡힌 후불 결제"였던 것이다.

10킬로그램이 쪘고 생리가 끊겼다. 다낭성난소증후군 진단을 받았다. 젊음은 수면 부족, 불규칙적이고 질 낮은 식사, 과로를 이겨내지 못했다. 그렇다고 가난한 사정이 나아진 것도 아니었다. 설상가상 성대결절까지 왔다. 그런데 성대결절인 줄도 몰랐다. 매일 6~7시간 연강을 해서 그냥 목이 쉰 줄로만 알았다. 어릴 때부터 달고 살던 편도염이 재발할 우려가 있어 편도 수술을 했는데, 대신 강의를 해줄 강사가 없어서 수술 후 2일차에 9시간 연강을 한 것이 목에 무리가 된 모양이었다.

살과 병을 얻고도 나는 가난했으므로 쉬지 않았다.

학업을 그만두지 않았고 학원도 그만두지 않았다.
생리불순이 심각해서 어쩌다 한 번 하는 생리는 거의 하혈
수준이다. 10대 때 그다지 심하지 않았던 생리통도 극심해져
응급실에 가 링거를 맞아야 하는 지경이 되었다. 체력과
정신력만큼은 자신 있었는데, 지금은 믿을 만한 자원이
아니게 됐다.

막 타로 리딩을 시작한 친구에게 상담을 청했다. **이직을
하는 게 좋을까**, 퇴사하고 쉬는 게 좋을까. 타로 카드는
정직했다. **쉬어. 정말로 쉬지 않으면 안 될 것 같은 카드가 두
개나 나왔거든.** 친구가 격려의 말을 더 많이 해주었지만,
정말 쉬지 않으면 안 될 것 같다는 말에 꽂혀 들리지 않았다.
다음 날 새벽에 하기로 한 운동과 교재 연구를 머릿속에서
지웠다.

　느지막이 일어나 습관처럼 캘린더를 봤다. 학원에
취직해 정규 강사로 일하고 있었지만 아직 정리하지 못한
과외 세 개가 줄줄이 있었다. 3시 반부터 5시 반, 6시
반부터 8시 반, 9시부터 11시. 과외를 마치면 시험 대비
자료도 열댓 개 만들어야 했다. 천천히 무엇을 먹을 시간과
푹 잘 시간은 캘린더에 적혀 있지 않았다.

　살자고 하는 짓인데 싶어 과외를 하나둘 정리했다.
마지막 과외를 갔는데 학생이 자기가 다니는 영어학원의
원장님이 심정지로 돌아가셔서 장례식장에 다녀왔다고
했다. 약간 충격을 받았다. 그 주 일요일, 학원 수업과
수업 사이에 잠깐 외출을 했는데 갑자기 구토가 올라왔다.

가로수에 몸을 기대고 토악질을 하다가 13시까지만
진료한다는 병원에 사정해 링거를 맞았다. 13시 반에는
수업을 다시 시작해야 해서 13시 20분까지, 3분의 2만 맞고
나왔다. 링거를 끝까지 맞는 것이 사는 쪽인지, 학원에서
잘리지 않는 것이 사는 쪽인지 저울질해볼 틈도 없었다. ▶▶▶

# 세고 있다

대학(원)생과 학원강사, 과외 선생을 병행하던 6년의 최근 2년에는 이 책을 쓰는 일이 추가되었다. 출퇴근 지하철 안에서 휴대전화 메모장에라도 몇 줄씩 썼다. 생명수가 될 줄 알았는데, 글쓰기까지 겸하면서 시름시름 앓는 일이 늘었다.

2023년 4월, 이직 자리가 결정돼 다니던 학원을 그만뒀다. 퇴사한 줄 알았는지 심하게 몸살을 앓았다. 그리고 옮긴 학원에서는 출근한 지 몇 개월 만에 퇴사를 결정했다. 몸이 자꾸 경보를 울리기도 했고, 글쓰기에 집중해야 할 시기라고 판단해서였다. 두 번째 퇴사 다음 날, 지금껏 피해 가던 코로나에 걸려 또 된통 앓았다. 그 뒤로 과민성대장증후군 진단을 받았고, 지금은 대상포진이 의심돼 살살 살고 있다. 다낭성난소증후군 때문에 매일 경구피임약을 챙겨 먹는 것도 잊지 않으면서.

무기력했다. 나는 새는 중이었다. 돈을 벌어도 벌어도 불안해서 나를 몰아붙이며 일했던 날을 버티게 한 것이 정신력이라고 믿었기에 이 무기력을 어떻게 해석해야 할지 난감했다. 아빠가 자살한 후 겪었던 것과는 달랐다. 그때는 침대에 누워 오로지 죽음만을 생각했는데, 지금은 침대에 누워 열렬히 생을 생각하는데도 몸이 움직이질 않았다. 글을 쓰려고 퇴사한 후 단 한 글자도 쓰지 못하는 꼴이 우스웠다. 포털 사이트 검색창에 무기력, 퇴사, 하기 싫어 등을 검색하니 번아웃이 나왔다.

때때로 나는 '침대에서 벗어나기 힘들어하는', 의학적 기준의 우울증에 빠진다. 그렇지 않을 때는 '간신히 생활을 이어가는' 낮은 단계의 우울증에 빠져 있다. … 내게 파멸이 오는 것은 언제? 그게 내가 현실이라고 부르는 것이다.

린다 티라도 지음, 『핸드 투 마우스』, 김민수 지음, 클, 2017, 107쪽.

자살 유가족 심리 상담을 받은 후 처음으로 정신과 상담을 받으러 갔다. 뇌파 검사와 문장 검사, 심리 검사, 상담을 진행했는데, 문장 검사가 정말 별로였다. 나는 대개 윗사람은 _____, 직장 동료는 _____, 아빠와 나 사이는 _____, 남자들은 _____ 등의 빈칸 앞에서 멈칫했다. **깊게 고민하지 마세요.** 의사의 말에 난 일말의 배덕감을 버리고 빠르게 적어 내려갔다. 윗사람은 대머리나 됐으면 좋겠다. 직장 동료는 별것도 아닌 일로 나약하게 군다. 아빠와 나는 아빠와 나로 묶이면 안 될 사람들이다. 남자들은 구리다. 이렇게 쓰고 나니 미세한 통쾌함이 느껴지기까지 했다.

　　뇌파 검사상 나는 번아웃이 맞았다. 우울증도 있지만 심각하지는 않다고 했다. 의사에 따르면, 우울증으로 약물 처방을 의논하는 내담자들은 문장 검사에서부터 그 상태가 드러난다. 윗사람은 죽여버리고 싶다, 윗사람은 나를 깎아내린다, 가 일반적이지, 대머리가 되면 좋겠다고 쓰는 우울증 환자는 없다는 것이다. '웃긴 말'로 스스로의 감정을 환기할 만큼 상황 분석과 판단이 끝난 상태인데, 이는 나의 뇌가 감정적 회로보다 이성적 회로를 더 효율적이고 효과적으로 사용하기 때문이라고 했다. 의사가 상담의 피치를 올렸다. 환자분은 비범한 사람이에요. 괴로움을 처리하는 방식이 남들과는 달라요. 덜 슬픈 거죠. 적당히 기쁜 겁니다. 스스로를 달랠 줄 알아요. 얼마나 좋습니까.

왜 저는 덜 슬픕니까. 덜 슬프고 적당히 기쁜 것이 좋은 겁니까. 제가 대단히 슬프고 끝장나게 기쁜 것을 잘 모르는 게 좋은 것이냔 말입니다. 의사의 어깨를 흔들며 묻고 싶었다. ▶▶▶|

# 먹는 일

밥상에 올라오는 찐 호박잎이나 생당근을 어릴 때부터
잘 먹었다. 좋아하게 된 이유가 입맛에 맞아서인지 자주
먹어서인지는 딱 잘라 말하기 어렵다. 어쩌다 한 번 엄마가
시켜주던 치킨에 열광하는 어린이가 아니었으나, 혼자
벌어 혼자 먹는 생활을 하면서부터 치킨 한 마리가 얼마나
귀중한 단백질원인지 처절히 알게 되었다. 쪼들릴 대로
쪼들렸던 때, 아르바이트 고깃집 사장이 만들어준 깐풍기
한 접시는 감동적이기까지 했다. 기숙사 룸메이트들과
돈을 모아 사 먹었던 프라이드치킨(두 마리를 사면 한
마리를 얹어줬다)을 몇 조각 남겨 다음 날 아침에 대충
침으로 불려 먹기도 했다. 식은 치킨은 오히려 아침
만찬이었다. 기숙사 식사(일명 기식)를 먹지 않아도
됐으니까.

    K대학교 H관의 기식은 문제가 많았다. 밥에서 벌레가
나오기 일쑤였고, 된장국은 된장 '향'을 입힌 물이었으며
김치찌개도 김치 꽁다리를 씻은 물에 불과했다. 식비를

아끼기 위해 1학년 1학기 기식을 100식이나 신청했으나,
30식도 겨우 먹었다. 학생들의 원성에 메뉴가 하나
추가되었는데, 시리얼과 우유와 빵이었다. 시리얼과 우유는
언제나 밥과 반찬보다 먼저 동났다. 첵스초코가 나온
날이면 나도 식당으로 뛰어갔다. 내가 할 수 있는 최선의
선택들을 정말 최선을 다해 하고 있는데, 식판을 받으면 내
선택이 얼마나 하찮은 취급을 받는지 알 수 있었다.

삼각김밥은 생명줄이었다. 삼각김밥 창시자는
노벨평화상을 받아 마땅하다. 평일에 학원을 뛰고 밤
10-11시에 퇴근하면 뭘 차려 먹을 힘이 없었다. 기숙사를
나와 살던 때라 뭐든 해 먹을 수도 있었을 텐데, 종일 서
있어서 퉁퉁 부은 발을 신발에서 구출하는 것까지 마치면
손가락 하나 까딱하지 못했다. 그래서 집에 들어가는 길에
편의점에서 삼각김밥을 샀다. 기식 대신 먹었던 삼각김밥은
아예 주식이 되어버렸다. 차가운 밥 덩어리가 식도를 꽉
채우며 넘어가는 느낌이 포만감을 대신했다. 삼각김밥을
꾹꾹 내리고 나면 정신이 좀 돌아왔다. 살아 있구나, 살아서
먹고 있구나.
　　식사의 질이 낮고 불규칙적으로 먹어 잦은 소화불량에
시달렸기 때문에 죽을 시켜 먹는 날도 적지 않았다. 돈
벌어서 죽집에 갖다 바치는 격이었다. 사 먹지 말고 해
먹으면 돈을 아낄 수 있을 것 같아 쿠팡프레시에서 다진
냉동 야채를 샀다. 쿠팡프레시에 가입한 것은 정말 마트에
갈 시간이 없었기 때문이다. 게다가 쿠팡프레시에서는

소득 수준이 '하'로 분류된 저소득가구의 경우 식품 안정성 미확보 가구
비율이 13.0퍼센트로 전체 가구 평균보다 3.7배 높았다. 식품 안정성
미확보 가구는 최근 1년간 식생활에서 가족 모두가 원하는 만큼 충분한
양과 다양한 종류의 음식을 먹지 못했다고 응답한 가구다.
「저소득가구 13% "충분한 양 음식 먹지 못했다"」, 「연합뉴스」, 2021년 4월 1일.

마트에서 떨이로 파는 식재료 값 정도로 싱싱한 물건을
살 수 있었다. 냉동 블루베리, 양배추 4분의 1통, 반값
방울토마토 등을 종종 주문했다. 그런데 쿠팡 물류센터
식당에서 여성 조리 노동자가 쓰러져 사망했다는 뉴스를
들었다. 쿠팡의 책임 회피와 미온적 대처가 마음에 걸렸다.
마켓컬리로 갈아탔지만, 물건이 너무 비쌌다. 무료 배송
주문 금액이 4만 원이었다. 세련된 플레이팅 사진이 첨부된
후기들을 살피며 물건을 넣었다 뺐다 하다가 깨달았다.
4만 820원에서 820원만 뗄 방법은 없구나. 최소로만 살고
싶은 사람이 여기에서 장을 보면 안 되는 거구나. 다시
쿠팡프레시로 돌아왔다. 윤리적 소비야말로 가장 비싼
소비다. 내겐 그 기준선이 4만 원이었을 뿐이다. 그러나
쿠팡 물류센터 화재 뉴스를 본 후 모든 기준선이 무너졌다.
작업 전 직원들의 핸드폰을 수거해 가고, 스프링클러
설치와 비상 방송 조치조차 제대로 이루어지지 않았다.
사측이 노동자의 목숨을 쿠팡프레시 최저가쯤으로
취급해온 것이다. 내가 원하는 싼값이 쿠팡프레시
노동자들의 목숨 값인가. 내가 먹는 일을 누군가의 목숨과
맞바꿀 수는 없어서 더는 쿠팡프레시를 이용하지 않는다.
정 프레시한 것이 먹고 싶을 때는 늦은 밤 마트의 떨이
식품을 향해 전력 질주한다.　　　　　　　　　▶▶▶

## 스시 오마카세

학원 수업이 연달아 취소돼 네 시간이 비었던 날, 오랜만에
여유로운 식사 시간을 즐겨보기로 했다. 출퇴근하며
눈여겨봤던 학원 근처의 초밥집으로 향했다. 걸으며 블로그

후기를 찾아보니 1인 세트가 2만 1,000원이었다. 내 시급으로 환산하면 한 시간 반짜리였다. 먹자, 이 정도는 먹을 수 있어. 가게로 들어가 메뉴판을 보니 1인 세트가 2만 5,000원이었다. 그새 올랐구나. 세트는 포기하고 제일 저렴한 모둠초밥을 시켰다. 유튜브 먹방에서나 보던 감태로 만 밥 위에 단새우와 성게알이 올라간 초밥이 '스페셜'하게 딱 한 피스만 나왔다. 달았다, 정말 달았다. 처음 먹어본 감태에서 돈의 맛이 났다. 속이 든든했다. 이를 닦아도 성게알의 여운이 입 안에 맴도는 것 같았다.

맛집 유튜버가 말하는 '가성비가 지린다'는 25만 원짜리 스시 오마카세가 궁금했다. 밥을 샤리라고 하고, 초밥용 횟감을 니기리라고 칭하니 뭔가 있어 보였다. 광어는 먹어봤지만 히라메는 아예 안 먹어본 음식 같았다. 지느러미 살도 맛본 적 있으나 엔가와는 처음 듣는 부위 같았다. 이 유튜버의 한 달 식비는 얼마일까. 도대체 한 달 생활비가 얼마면 25만 원짜리가 '가성비 지리는' 끼니가 될까. 찾아볼까 하다가 저녁과 야식을 겸해 끓인 어묵탕과 소주에 대한 확인 사살이 될 것 같아 그만뒀다. 다음 추천 영상은 통대창 먹방이었다. 눈도 땡그랗고 입도 땡그란 유튜버가 아작아작 통대창을 씹을 때마다 기름방울이 팡팡 터졌다. 저 기름방울 하나가 대체 얼마야.

　저들에겐 일이란 것을 감안해도, 배가 터질 듯 먹는 저들의 포식이 부러웠다. 비스듬히 누워 와인과 과일, 고기를 토할 때까지 먹었다던 그리스의 귀족들이 떠올랐다. 그들 옆에서 시중을 들었을 노예들은 먹방을 강제로 시청했겠구나. 먹방에 달리는 댓글처럼 포도도 먹어줘, 고기는 뼈째 들고 뜯어야지, 대리 만족 최고, 라고 속닥댔을까.

출석도 아니고 시험도 아니고 어떻게 만족이 대리가 되는지 통 이해가 되지 않았다. 만족을 어떻게 남이 대신 처리하지. 그 뒤를 바싹 쫓아오는 것은 결국 내가 처리할 수 없는 불만족 아닌가. 스시 오마카세를 경험해보지 못했다는, 통대창을 씹어보지 못했다는 불만족. 나는 차오르는 불만족을 소주로 씻어냈다.

모처럼 쉬는 날(명절 연휴 중 하루 또는 한 달 반에 하루나 이틀을 쉬었다)이 생겨 인당 3만 5,000원이라는, 대여섯 번은 지리고도 남을 가성비의 스시 오마카세에 전화를 걸어 예약했다. 엄마도 나도 오마카세는 처음이었다. 셰프가 스시를 한 점씩 각자의 접시에 올려주며 니기리에 대해 설명해줬다. 모둠초밥에는 없던 이야기가 고추냉이와 간장에도 담겨 있었다. 3만 5,000원에는 셰프의 정중한 손길과 스시 한 점에 곁들여지는 이야기 한 점, 닷지 너머로 보이는 셰프가 스시를 만드는 모습까지 포함돼 있었다. 식당의 공기마저 가격으로 칠 수 있을 것 같았다. 사람들이 먹고 있는 것은 미식 문화였다. 은근 샘이 났다. "그런 '기분'도 구매할 수 있는 거라면 그걸 '계속하고' 싶다고 생각했다." 돈을 지불하면 어디까지 경험할 수 있을까. 내가 어릴 적, 엄마가 기를 쓰고 롯데리아나 인도 커리 음식점

등에 데리고 간 이유를 알 것도 같았다.

노동 환경이나 강도를 차치하고 연봉 숫자로만 보면, 나는
꽤 잘 버는 축에 속하는 6년차 학원강사였다. 그런데도
여전히 먹방 유튜버에게 대리를 맡길 수 있는 여유분의
만족감이란 것이 별로 없다. 누텔라를 한 번도 안 먹어본
사람은 있어도 한 번만 먹어본 사람이 없는 것처럼, 가난이
그렇기 때문이다. 한번 맛보면 가난의 맛은 잊히지 않는다.
그 정도 수입이면 넉넉한 편이라고 주위에서 날 추어올려도
내 기분은 전혀 넉넉하지가 않다. "가난은 헤어나기 힘든
것이다. 그 인력에서 벗어나려 최선을 다해 노력하지만
그것은 헤어날 길 없이 우리를 집어삼킨다."

만약 통장에 찍히는 0이 총탄이 되어 가난의 공포를
쏴 죽여줄 수 있다면 몇 개의 0이 필요할지 따지며 탄창이
넉넉하기만을 빈다. 연 1억을 벌어도 총알은 여덟 발뿐이니
가난의 공포는 쉽게 죽지 않을 것이다. 한 가지 같잖은
위안거리가 있다면, 그 빌런을 상대하는 내가 하릴없이
버텨낸 히어로라는 점이랄까. 오늘도 이 액션 스릴러
시리즈는 절찬 상영 중이다. 폐막이 없다. ▶▶▶▶

# 내가 선택한 식구

아빠가, 내 방에서, 자살했다, 라는 쓰리 펀치를 맞고
휘청거리다 휴학을 한 나는 고양이 영상에 중독됐다.
그들은 내게 무해했다. 김메주와 고양이들, 22똥꽹이네,
웃디의 고양이 타이쿤 등 전부 열거할 수 없을 만큼 봤다.
여유가 생기면 꼭 고양이를 길러야지. 아직은 고라니인지

망나니인지 모를 나나 돌보고. 미래의 반려묘는 분명
치즈색일 것이었다.

반년쯤 지났나. '대구 유기묘'를 검색하다가 새까만 몸통에
고등어 줄무늬가 있는 아기 고양이 입양 공고를 보았다.
공고 종료일까지 5일이 남아 있었다. 예쁜 아가니까
기를 여력이 있는 사람이 데려가겠지. 아니었다. 4일,
3일, 안락사까지 얼마 남지 않았는데 입양이 결정됐다는
소식이 없었다. 참지 못하고 고양이를 임보 중인 병원으로
문의 전화를 했더니, 뜻밖의 대답이 돌아왔다. **걔는 예쁘게
생겨서 대기자 명단까지 있고요. 형제 중에 아직 문의가 하나도
없는 아가가 있어요. 한번 오셔서 보실래요?**
　　어린 생명이 겪기엔 너무 가혹한 팔자가 아닌가.
동배 형제 중 하나는 데려가겠다고 성화인 사람들이 줄을
섰는데, 하나는 안락사 직전이라니. 확답을 하기 전에 통장
잔고부터 정리해봤다. 고양이에게 필요한 최소 물품을
구매하는 데에 약 60만 원이 필요하다고 했고, 휴학한 김에
학원을 최대한 돌려서 모은 100만 원이 통장에 있었다.
얼굴만 보고 오자. 결정하지는 말고.
　　'예쁜 개'는 이미 입양을 가서 없었고, 원장이 콕 집어
말했던 입양 문의 0건의 아기 고양이가 철망 안 캣타워에
웅크리고 있었다. 몸집이 내 손바닥보다 조금 크고,
가르마가 4.9대 5.1로 기묘하게 나 있었다. 고등어인데
밝은 갈색 얼룩이 섞인 데다 꼬리가 자라다 말아서 너구리
꼬리처럼 끝이 뭉툭했다. 눈은 왜 억울한 건데! 지난

반년간 열심히 학습한 대로 손가락 냄새를 맡게끔 코끝에 가져다대니 발톱을 세워 내 손가락을 할퀴고 하악질을 했다. 이 재수 없음, 이 발칙한 싸가지, 이 앙큼한 하악질! 딱 내 고양이었다.

'등단'이라고 이름 짓고 수많은 고양이 용품을 샀다. 켄넬을 사고 캣타워를 사고 사료를 사고 사료 급식기도 사고 쿠션을 사고 스크래처를 사고 물그릇, 밥그릇, 간식 그릇을 사고 이유식용 습식을 사고 또 닭가슴살도 사고 고등어도 사고 참치캔도 샀다. 여기까진 예상했던 지출이었다. 2차, 3차 예방접종과 중성화 수술 이후 케어 비용 중 일부가 내 부담이 될 줄 몰랐어서 수시로 통장을 들여다봐야 했다.

　　집에 와 4일 동안은 하악질과 삐약삐약 울음을 반복하며 애를 태우더니, 이제는 내 몸 어디에나 꾹꾹이를 하고 아무 때나 골골송을 부르고 꼬리를 펑 부풀리며 뛰어다니는 캣초딩이 되었다. 가슴으로 낳아 지갑으로 기른 아이가 앙증맞게 크는 것을 보는 시간이 행복했다.　▶▶▶

# 고양이 480

단이와 가족이 된 지 1년이 되어가던 무렵, 단이가 밥을 안 먹더니 꿀렁꿀렁 초록색 토를 했다. 내가 가진 고양이 토사물 상식 밖에 있는 색깔이었다. 심상치 않았다. 나는 재빠르게 단이를 켄넬에 넣고 동물병원으로 향했다. 복잡한 검사를 거친 단이는 췌장염 의심 소견을 받았다. 집에 돌아와 처방된 약을 먹였지만 모두 게워냈다. 자정이 가까워 오는 시각에 나는 또 울면서 24시간 동물병원으로 향했다.

오후에 다른 병원에서 했던 검사를 반복하고 초음파를
본 의사가 선형 이물질 때문에 장이 꼬인 것 같다며 개복
수술을 하거나 고양이가 배출할 때까지 기다려야 한다고
했다. 후자를 택하면 수액 값과 입원비, 야간 진료비로 80만
원, 개복 수술을 하면 이후 입원비와 처치 비용까지 450만
원이 청구된다고 했다.

돈을 따지지 않았다. 살면서 거의 처음 있는 일이었을
것이다. 개구호흡까지 하는 단이에게 끔찍한 고통의 밤을
안겨주고 싶지 않다는 마음뿐이었다. 휴학도 했겠다 단이를
책임지는 집사로서 직장인에 가깝게 학원에 출근하며 주당
수업 50시간을 소화해왔다. 동거하던 해진이가 단이를
함께 돌봐줬기에 그만큼 일할 수 있었다. 덕분에 적금
350만 원이 통장에 있었고, 수술 이틀 후에 들어올 급여가
180만 원이었으니 병원비는 맞출 수 있었다.

막상 개복해보니 장폐색도 진행 중이어서 이물질이
배출될 때까지 기다리는 쪽을 택했다면 큰일 날 뻔했다고,
개복 수술을 해서 천만다행이라고 의사가 일러주었다.
살았다는 말을 듣고서야 긴장이 풀렸다. 재난 문자의 진동이
드디어 잠잠해졌다.

엄마는 그래서 단이를 480 고양이라고 불렀다.
초진하느라 들었던 38만 원과 수술비 450만 원을 얼추
합한 값이었다. 수술 후 회복을 위해 먹였던 환묘용 사료와
습식, 정기 검진 비용은 엄마에게 따로 말하지 않았다.
단이와 가난을 나눌 생각이 없었다.

성묘가 되기 전에 치른 이 홍역 이후 나는 단이에게 드는 자잘한 돈도 아끼지 않는다. 내가 엉뚱한 것을 아껴서 단이가 죽을지도 모른다고 생각하면 심장이 오그라든다. 사실 가난하면 반려동물과 살기 힘들고, 살면 안 되는 것이 맞는 것 같다. 진료비 고지와 관련한 법이 있지만 그걸 지키는 동물병원은 거의 없어서, 부르는 것이 값일 가능성이 높다 보니 반려의 건강을 위해 얼마가 들지 예상하기 어렵다. 국가 보험은 아직 먼일 같고, 반려동물로 고양이를 등록하는 것이 일반화되지 않아 개에 비해 사설 보험도 다양하지 않다. 알면서도 함께 살기로 했으니 나는 단이의 반려인이자 부양자로서 의무를 다하려고 매일 노력한다. 애든 개든 괴든 그들을 책임지는 사람의 존재와 역할이 중요한 것은 똑같다. 어쩌다 기니피그를 키우게 된 한유리 작가는 "책임을 피할 수 없는 것들을 진심으로 아끼고 사랑해보려고 하는 습관이 있다"고 말했다. 나는 단이를 책임지는 사람의 역할을 맡고 있고, 진심으로 아끼고 사랑하는 습관을 기르는 중이다. ▶▶

# 에필로그

입사 후 처음 있는 출장이었다. 여행용 가방이 없어 부천 사는 친구에게 캐리어를 빌렸다. 김애란의 소설 「큐티클」속 '나'는 나다.

내 인생은 알바와 함께 흘러왔다. … 나는 아르바이트를 해야 어른이 된다고 생각하는 사람이다. 김의경의 소설 『청춘 파산』속 '인주'는 나다.

그 대신 나는 내 그림자와 기분 좋은 대화를 나눌 것이다.
내 그림자는 매우 아름답다. 그것은 대칭을 이루며
우아하게 움직인다. 게다가 탄탄하기까지 하다. 몸과 옷이
구별되지도 않는다. 괴상망측한 신발도 눈에 띄지 않는다.
샤일라 오흐의 소설 속『2인조 가족』의 '야나'는 나다.

진만이 정말 롱 패딩을 산 것은 지난주 토요일이었다.
… 하지만 대형마트에서 봤던 38만 원짜리 롱 패딩은
아니었다. 색깔은 똑같은 검은색이었지만 어딘가 모르게
부실해 보였고 또 얄팍해 보였다. 이기호의 「롱 패딩
장착기」속 '진만'은 나다.

뒤라스는 질병과 죽음, 가난과 고독에 몸서리쳤다. 그런데
신기하게도 책을 읽고 글을 쓸 때 그 공포는 잠시 사라졌다.
자신이 누구인지 온전히 생각해 볼 수 있는 시간을
경험하며 뒤라스는 글 쓰는 사람이 되기로 결심한다.
장영은의『쓰고 싸우고 살아남다』속 '마르그리트
뒤라스'는 나다.

내 유년 시절 바람이 문풍지를 더듬던 동지의 밤이면
… 어머니 무서워요 저 울음소리, 어머니조차 무서워요.
얘야, 그것은 네 속에서 울리는 소리란다. 네가 크면 너는
이 겨울을 그리워하기 위해 더 큰 소리로 울어야 한다.
기형도의 「바람의 집: 겨울 판화 1」속 '아이'는 '나'다.

구타와 악다구니와 꽃밭 앞에 나동그라지는 세숫대야.
김승희의「가난에 대하여」속 '세숫대야'는 나다.

타임 리와인더를 쓰지 못하게 한 불의의 사고가, 지금의
나를 만들었다는 걸 안다. 누군가가 씹다 버린 껌 같은
삶이라도 나는 그걸 견디어 그 속에 얼마 남지 않은
단물까지 집요하게 뽑을 것이다. 구병모의『위저드
베이커리』속 '소년'은 나다.

부자들이 제 돈 갖고 무슨 짓을 하든 아랑곳할 바 아니지만
가난을 희롱하는 것만은 용서할 수 없지 않은가. …
더군다나 내 가난은 그게 어떤 가난이라고. 내 가난은
나에게 있어서 소명(召命)이다. 박완서의「도둑 맞은 가난」
속 '나'는 나다.

나는 이 사이에 이 책을 끼워 넣는다. 가난의 이야기가
두꺼워지길, 다른 가난의 이야기들이 겹겹이 쌓이고 뭉치길,
그래서 우리가 우리를 알아가길 바라면서.

# 복지 신청 바로가기

한국의 복지는 철저히 신청주의다. 당사자가 자신의
상황을 정확히 파악하고 관련된 해당 복지제도가 있는지
찾아본 후 주무부서의 지침에 따라 신청서를 작성해야
이용할 수 있다. 제도 명칭이 계속 미세하게 바뀌거나 분리,
통합되는 경우도 잦아서 작년의 정보가 올해에 유의미하지
않을 수 있다. 내가 이용했던 복지 제도 대부분은 온라인
검색을 통해 찾을 수 있었는데, 온라인 정보에 접근하기
어려운 사람들에게는 이 또한 높은 문턱이 될 것이다.

그러나 모든 국민은 복지의 수급권자이다. 즉,
수급은 권리이다. 비록 시스템 자체의 문제를 바로잡기엔
미약하겠지만, 자신이 가진 권리를 알고 필요한 사람에게
알려주는 데에 이 부록이 작은 도움이 되길 바란다.

# 국민기초생활보장제도

> ▶ 복지로
> www.bokjiro.go.kr

「국민기초생활보장법」(2000년 10월 1일 시행)을 근거로 한다. 2015년 7월부터는 맞춤형 개별 급여제도가 시행되어, 소득 및 재산(소득인정액=소득평가액+재산의 소득환산액)이 기준 중위소득 30~50퍼센트 이하인 가구에 생계·의료·주거·교육 등의 급여가 지급된다. 2023년도 기준 중위소득 및 급여 종류별 수급자 선정 기준은 다음과 같다.

| 가구 규모 | 1인 | 2인 | 3인 |
|---|---|---|---|
| 기준중위소득 | 207만 7,892원 | 345만 6,155원 | 443만 4,816원 |
| 생계급여 수급자 (기준중위소득 30퍼센트) | 62만 3,368원 | 103만 6,846원 | 133만 445원 |
| 의료급여 수급자 (기준중위소득 40퍼센트) | 83만 1,157원 | 138만 2,462원 | 177만 3,927원 |
| 주거급여 수급자 (기준중위소득 47퍼센트) | 97만 6,609원 | 162만 4,393원 | 208만 4,364원 |
| 교육급여 수급자 (기준중위소득 50퍼센트) | 103만 8,946원 | 172만 8,077원 | 221만 7,408원 |
| 가구 규모 | 4인 | 5인 | 6인 |
| 기준중위소득 | 540만 964원 | 633만 688원 | 722만 7,981원 |
| 생계급여 수급자 (기준중위소득 30퍼센트) | 162만 289원 | 189만 9,206원 | 216만 8,394원 |
| 의료급여 수급자 (기준중위소득 40퍼센트) | 216만 386원 | 253만 2,275원 | 289만 1,193원 |
| 주거급여 수급자 (기준중위소득 47퍼센트) | 253만 8,453원 | 297만 5,423원 | 339만 7,151원 |
| 교육급여 수급자 (기준중위소득 50퍼센트) | 270만 482원 | 316만 5,344원 | 361만 3,991원 |

의료급여 1종 수급자는 1차 병원 외래 시 본인부담금이
진료비 1,000원과 약값 500원이다.

| 구분 | | 1차(의원) | 2차(병원) | 3차<br>(지정병원) | 약국 | 비고 |
|---|---|---|---|---|---|---|
| 1종 | 입원 | 없음 | 없음 | 없음 | – | 근로 무능력 가구,<br>희귀난치성, 중증질환<br>등록자, 시설 수급자 |
| | 외래 | 1,000원 | 1,500원 | 2,000원 | 500원 | |
| 2종 | 입원 | 10퍼센트 | 10퍼센트 | 10퍼센트 | – | 기초생활보장제도에<br>따른 의료급여 수급자<br>중 1종 수급 대상이<br>아닌 가구 |
| | 외래 | 1,000원 | 15퍼센트 | 15퍼센트 | 500원 | |

생계급여와 의료급여는 근로능력평가와 부양의무자
기준이 적용되어 적잖은 사회문제를 일으키고 있다.
빈곤과 불건강, 장애의 상관관계가 상당히 크다는 점을
고려할 때, 엄격한 의료급여 수급 자격이 사각지대를
넓히는 데 일조하고 있다고 보아도 무방할 것이다.

여담. 복지로 사이트의 메뉴로 복지서비스, 서비스
신청, 복지지도, 복지도움, 복지신고가 있는데, 복지
제공의 의지를 보이는 네 개 항목과 나란히 '부정 수급'
신고를 광고하고 유도하는 '복지신고' 항목이 있는 것이
의미심장하다. 복지의 부정 수급 프레임을 강화해온
오래된 경향을 산뜻한 고딕체로 마주하는 것은 꽤 불편한
일이다.

## 국민기초생활보장 수급자를 대상으로 하는 감면제도

▷ 각 관할청 홈페이지

(2023년, 부산 북구 기준)

지자체별로 감면제도의 종류의 내용이 다르므로, 정확한 정보를 얻기 위해서는 수급자의 거주지 관할청 홈페이지를 확인하거나 주무부서 담당 공무원에게 직접 물어봐야 한다. 여기에서는 내가 거주했던 부산 북구를 기준으로 정리했다. 한 가지, 2021년 조례 개정으로 저소득층 상하수도 요금 감면 범위가 생계·의료 급여 대상자에서 주거·교육 급여 대상자까지 포괄하는 것으로 넓어졌다. 감면 금액은 월 상수도 요금 7,200원, 물 이용 부담금 1,490원, 하수도 요금 4,500원으로 총 1만 3,190원 정도이다.

| 대상자 | 기초생활수급자 (생계·의료) | 기초생활수급자 (주거·교육) |
| --- | --- | --- |
| TV 수신료 | 면제 | 해당 없음 |
| 전기 요금 | • 취사용 1,680원<br>• 취사·난방용 동절기<br>  (12-3월) 36,000원<br>• 기타 월(4-11월) 9,900원 | 월 최대 10,000원 감면<br>※ 여름철(6-8월) 월 최대<br>  2만 원 감면 |
| 이동통신 요금 | 월 최대 16,000원 감면<br>※ 월 최대 33,500원 감면 | 월 11,000원 면제 및 추가 이용료<br>35퍼센트 감면 |
| 도시가스 요금 | • 취사용 1,680원<br>• 취사·난방용 동절기<br>  (12-3월) 36,000원<br>• 기타 월(4-11월) 9,900원 | 주거급여<br>• 취사용 840원<br>• 취사, 난방용 동절기(12-3월)<br>  18,000원<br>• 기타 월(4-11월) 4,950원<br><br>교육급여<br>• 취사용 420원<br>• 취사, 난방용 동절기(12-3월)<br>  9,000원<br>• 기타 월(4-11월) 2,470원 |
| 지역난방 요금 | 월 10,000원 | 월 5,000원 |

| 대상자 | 차상위계층 | 장애인 |
|---|---|---|
| TV 수신료 | 해당 없음 | 면제<br>※ 시청각 장애인에 한함 |
| 전기 요금 | 월 최대 8,000원 감면<br>※ 여름철(6-8월) 월 최대<br> 1만 원 감면 | 월 최대 16,000원 감면<br>※ 심한 장애에 한함 ✷<br>※ 여름철(6-8월) 월 최대<br> 2만 원 감면 |
| 이동통신 요금 | 월 11,000원 면제 및 추가 이용료<br>35퍼센트 감면<br>※ 월 최대 21,500원 감면<br>※ 가구당 4회선까지만 감면 | 월 이용료 35퍼센트 감면 |
| 도시가스 요금 | 차상위자활, 차상위장애,<br>차상위본인부담 경감, 한부모가족<br>• 취사용 840원<br>• 취사, 난방용 동절기(12-3월)<br> 18,000원<br>• 기타 월(4-11월) 4,950원<br><br>차상위계층 확인서 발급<br>• 취사용 420원<br>• 취사, 난방용 동절기(12-3월)<br> 9,000원<br>• 기타 월(4-11월) 2,470원 | • 취사용 1,680원<br>• 취사·난방용 동절기(12-3월)<br> 36,000원<br>• 기타 월(4-11월) 9,900원<br>※ 심한 장애에 한함 |
| 지역난방 요금 | 월 5,000원 | 월 5,000원<br>※ 심한 장애에 한함 |

✷ 출처: 부산광역시 북구청 홈페이지(www.bsbukgu.go.kr) ≫ 복지 정보 ≫ 기초생활보장제도

✷ 주: 2019년 7월 이후 장애등급제가 폐지됨으로써, 등록 장애인은 '장애의 정도가 심한 장애인'과 '장애의 정도가 심하지 않은 장애인'으로 단순화되었다.

## 문화누리카드

▷ 문화누리 사이트
www.mnuri.kr

내가 이용할 당시 문화누리카드 이용료는 연간 5만
원이었는데 2022년부터 11만 원으로 늘었다. 도서, 전시,
공연, 영화, 스포츠 관람 등 바우처의 폭이 넓은 편이다.
꾸준히 액수가 인상되기도 해서 실생활에서 가장 크게
체감할 수 있었던 복지였다. 카드는 동 행정복지센터
또는 문화누리 사이트에서 신청할 수 있다. 카드
재발급도 마찬가지다. 카드 잔액 확인은 문화누리
고객지원센터(1544-3412)나 농협 고객행복센터(1644-
4000)를 이용했다. 요즘은 문화누리카드 모바일 앱에서도
신청 및 사용처, 잔액 확인을 할 수 있다.

## EBS 교재 무상 지원

▷ EBS 무상 교재 신청
https://url.kr/52n1sz

기초생활수급자(생계·의료·교육·주거급여)인 청소년을
대상으로, EBS 교재를 무상 지원해준다. 1학기와 2학기에
각각 신청할 수 있다.

# 인문100년장학금

▶ 한국장학재단
www.kosaf.go.kr

대학교 학자금을 지원해주는 인문사회계열 우수학생
국가장학사업이다.

나는 2016년 고등학교 3학년이었을 때 학교로 온
공고문을 통해 이 제도를 알게 되었다. 당시 공고를
기준으로, 고등학생 50여 명, 대학생 50여 명을 선발했다.
고등학생의 경우, 3학년 재학생 중 출신 학교장의 추천을
받은 우수 학생이면서 2017년 2월 졸업예정자이자 국내
4년제 대학 인문사회계열 진학 예정자여야 했다. 학교별로
최대 두 명만 추천할 수 있었고, 활동 실적서와 학업계획서
등을 제출해 심사받았다.

유의할 점은 첫 학기 등록금은 본인이 내야
한다는 것이다. 장학생으로 선정된 이후 4년제 대학
인문사회계열 학부 입학을 증명하는 첫 학기 등록금
고지서와 재학증명서를 제출하면 해당 금액을 보전해준다.
이후 학기에는 학교로 바로 등록금이 납부된다.
기초생활수급자에게는 등록금과 학업장려금(학기당
300만 원)에 더해 생활비(학기당 180만 원)가 지원되었다.
2023년 현재는 공통적으로 등록금 전액과 학기당 생활비
250만 원이 지원되고, 생계급여 일반수급자·생계급여
조건부 수급자·의료급여 수급자·보장시설 수급자의 경우
학기당 생활비 250만 원이 추가로 지원된다.

내가 신청한 장학금은 전공탐색유형으로 4년을
지원받을 수 있었고, 대학교 재학 중 3학년에 신청할 수

있는 전공확립유형(2년 지원)이 따로 있으니 장학금이
필요한 4년제 인문대생이라면 2학년 때부터 공고를
주시하길 바란다.

2016년 인문100년장학금의 유지 조건은 4.3점 만점에
3.1이상의 학점(백분위 87), 지도교수의 추천서, 학업계획서,
지난 학기 장학금의 사용처 및 학습 계획 이행에 대한 보고서
등이 있었다. 제출 시기가 정해져 있고 지도교수와 학과의
직인이 필수여서 이를 놓치지 않기 위해 신경을 곤두세워야
했다. 장학금 수혜자가 전국 1,500여 명 수준이어서, 학과에
한두 명인 장학생을 관리해주지 못할 가능성이 높으므로
본인이 꼼꼼하게 챙기는 수밖에 없다. 나는 매 학기 초에
지도교수와 학과 사무실로 인문100년장학금에 관해
설명하는 메일과 전화를 넣기도 했다.

# 청년전세임대
(구 셰어하우스 전형과 구 대학생 전형이 통합된 버전)

≫ 한국토지주택공사
청년전세임대
https://url.kr/761rdt

입주 자격은 다음과 같다.

- 본인이 무주택자이고 신청 해당연도 대학에 재학
  중이거나 입학·복학예정인 만 19세 미만 또는 만 39세
  초과 대학생
- 본인이 무주택자이고 대학 또는 고등·고등기술학교를
  졸업하거나 중퇴한 후 2년 이내이며 직장에 재직
  중이지 않은 만 19세 미만 또는 만 39세 초과
  취업준비생
- 본인이 무주택자이면서 만 19세 이상 39세 이하인
  사람

임대인과 전세임대 계약을 우선 맺은 LH가 임차인과 다시
계약을 맺는다. 1순위부터 3순위까지 우선 선정 대상자가
정해져 있으니 본인이 몇 순위인지부터 파악하는 것이
중요하다.

- 1순위: 생계·주거·의료급여 수급자 가구, 보호대상
  한부모가족 가구, 차상위계층 가구의 청년,
  보호종료아동, 청소년 쉼터 퇴소 청소년
- 2순위: 본인과 부모의 월평균 소득이 전년도
  도시근로자 가구원수별 가구당 월평균 소득의

100퍼센트 이하이고, 본인과 부모의 자산이
국민임대주택의 자산 기준을 충족하는 청년
- 3순위: 본인의 월평균 소득이 전년도 도시근로자
가구원수별 가구당 월평균 소득의 100퍼센트
이하이고, 본인의 자산이 행복주택 청년의 자산 기준을
충족하는 청년

1순위 외에는 소득과 본인 및 부모의 자산 규모도 따진다.
수도권을 제외하고는 매년 전형의 세부 사항과 모집
호수 등의 변동이 큰 편이다. 고객센터, 각 모집 지역별
센터, 법률 대리(법무사) 담당 등이 분리되어 있으므로,
각각의 연락처를 가지고 있어야 한다. 해당 전형의 매물
중개 경험이 있는 부동산중개사무소도 확보해야 한다. LH
홈페이지에 중개사무소 목록이 있으나 업데이트가 늦어
폐업한 곳의 정보가 남아 있기도 하므로 홈페이지 정보에만
의존하면 곤란하다.
전세 보증금을 LH로부터 빌린 것이므로, 매달 이자를
내야 한다. 관리비 부담이 크면 결국 주변의 월세 비용과
맞먹을 수도 있으니 주의를 요망한다.

# 장애인 도시철도 무임승차 제도

≫ 복지로
www.bokjiro.go.kr
정부 24
www.gov.kr

생부가 장애 정도가 심한 장애인이었으므로(등급제에 따르면 1급) 동반자 1인까지 도시철도 무임승차가 가능했다. 장애 정도가 심하지 않은 장애인은 본인만 무임이다. 도시철도가 없는 지역과의 '형평성' 논란이 지속적으로 제기돼왔는데, 도시 외 지역의 공공철도와 역사를 효율적이지 않다는 이유로 축소하지 않았다면, 교통 소외 지역과 교통 약자를 중심으로 철도 노선을 계획했다면 더 많은 장애인과 노인이 도시철도 무임승차 제도를 이용할 수 있었을 것이다.

　2023년 4월부터 교통카드 기능이 있는 장애인등록증으로 전국의 지하철과 버스를 탈 수 있게 되었다고 한다(이전에는 주소지 내에서만 지하철 무임승차가 가능했다). 교통카드 기능을 개선하기 전에 모든 장애인이 지하철과 버스를 자유롭게 탈 수 있도록 만드는 것이 우선인 것 같지만 말이다.

## 대학 내 상담센터 무료 심리 검사

성격 유형 검사, 다면적 인성 검사, 문장 완성 검사,
기질 검사를 무료로 이용했다. 본인이 소속한 학교에
심리상담센터가 있는지 알아보자.


## 초록우산어린이재단
## 부산지역 본부 인재 양성 프로그램

▶ 초록우산어린이재단
www.childfund.or.kr

2009년, 초등학교 6학년 중 재단에서 주최한 영어 시험
및 면접을 통과한 학생 20여 명이 7박 8일 간의 미국 여행
프로그램을 지원받았다. 후원한 성인 한두 명과 후원을
받는 아이 네 명이 한 팀으로 움직였다. 신종플루 때문에
실제로 여행을 한 것은 2010년이었다.
　　초록우산어린이재단은 다양한 어린이 지원 프로그램을
운영한다. 대학생을 대상으로 자원봉사자를 지역별로
선발하는데, 나도 대학 생활을 하며 대구에서 1년간
자원봉사를 한 적이 있다. 잊지 못할 여행을 선물해준 데에
대한 나름의 보답이었다.

## 부산북구장학생

▶ 부산북구장학회
www.bsbukgusf.kr

신청일을 기준으로 부산 북구에 3년 이상 거주한
세대주(보호자)의 자녀이고 관내 고등학교 재학생을
대상으로, 고등학생 50명(인당 50만 원), 대학생 40명
내외(인당 최대 250만 원), 북구 외 부산 소재 타구·군
고등학교 재학생 8명 내외(1인당 50만 원)를 선발한다.
대학생의 경우, 타 기관으로부터 전액 장학금을 받고 있는
경우 선발에서 제외된다.


## 금곡복지회 장학생

2012년 제1회 금곡복지회 장학생에 선정되어 소정의
장학금을 받았다. 대학생 5명, 고등학생 10명에게 총
장학금 1,000만 원가량을 지원하고, 지역 축제 및 문화
체험 행사를 제공했다. 그래서 장학생으로 선정된 이후
금곡동 소재지의 중고생을 대상으로 했던 무료 문화체험,
독서 골든벨, 느티나무 축제에 참여했던 기억이 있다.
2023년에는 금곡복지회에서 대학생을 대상으로 1인당
100만 원의 장학금을 지급했다고 한다.
　　지역마다 크고 작은 재단과 사단법인에서 장학생을
선발하니, 행정복지센터 사회복지 담당자나 학교 및 시설
담당자가 청소년과 청년에게 이런 정보가 가 닿을 수
있도록 다양한 채널을 통해 정보를 퍼뜨려주길 바란다.

# 주

10 "제도권 안에 들어온 사람들하고"
정성철·김윤영, 「수급자의 목소리로 돌아본
기초생활보장법 20년」, 「기초생활보장제도 20년,
빈곤층의 몫찾기 20년」, 참여연대 사회복지위원회,
2021, 조문영, 『빈곤 과정』, 글항아리, 2023, 60쪽
재인용.

15 "작은 선물들"
아델라 코르티나, 『가난포비아』, 김유경 옮김,
북하이브, 2021, 57쪽.

16 "세금이나 사회보험에 의해"
리오 패니치, 콜린 레이스 엮음, 『자본주의의 병적
징후들』, 연구공동체 건강과대안 옮김, 후마니타스,
2018, 11쪽.

18 가난을 도둑질하느냐고
박완서, 『나목/도둑맞은 가난』, 민음사, 2005.

25 "어쩌면 내가 다른 나라나 은하에"
샤일라 오흐, 『2인조 가족』, 신홍민 옮김, 양철북,

2009, 6쪽.

**34**  수급자가 되기를 누구보다 원하지만
이정기·김윤영, 「비수급 빈곤층의 생존 과정에 관한 근거이론」, 『보건사회연구』 제36권 제2호, 2016.

**34**  "가난한 사람이 공공부조의 수급자로"
조문영, 『빈곤 과정: 빈곤의 배치와 취약한 삶들의 인류학』, 글항아리, 2022, 27쪽.

**35**  "아버지는 술을 너무 많이 마셔요"
공선옥, 「가리봉 연가」, 『유랑가족』, 67쪽.

**41**  "여성과 웃음은 이중 구속관계다"
김지승, 『짐승일기』, 난다, 2022, 19쪽.

**41**  "원하지 않는 관심과 희롱에"
로라 베이츠, 『일상 속의 성차별』, 안진이 옮김, 미메시스, 2017, 176쪽.

**65**  같은 속옷을 주야장천 입는 두 여자
김세인 감독의 영화 「같은 속옷을 입는 두 여자」(2022)의 제목을 빌려 쓴다.

**66**  "숱한 제도적·실천적 개입에도 불구하고"

조문영, 『빈곤 과정』, 글항아리, 2023, 6쪽.

92　공공임대주택에 들어가 여생을 살길 바라는
　　이주란, 「멀리 떨어진 곳의 이야기」, 『제8회
　　문지문학상 수상 작품집』, 문학과지성사, 2018.

92　만두 가게를 해서 식구들을 먹여 살리는
　　김애란, 「도도한 생활」, 『침이 고인다』, 문학과지성사,
　　2007.

96　나도 양수에서부터 어른이었던 것은 아닌데
　　박서원의 시 「무덤으로부터의 유년」(『박서원 시전집』,
　　최측의농간, 2018)에 나오는 구절 "난 양수에서부터
　　어른이야"를 빌려 쓴다.

97　"엄마, 돈이 있고 없고의 문제가 아니야"
　　"사돈 재산 넘볼 만큼 어렵지 않잖아"
　　정미경, 「내 아들의 연인」, 『내 아들의 연인』,
　　문학동네, 2008, 139, 135쪽.

98　"가난하기 때문에 이것들을"
　　신경림, 「가난한 사랑노래」, 『가난한 사랑노래』,
　　실천문학사, 2013.

103　"폭력은 그렇게 약자의 몸을"

우에마 요코, 『맨발로 도망치다: 폭력에 내몰린
여성들과 나눈 오랜 대화와 기록』, 양지연 옮김,
도서출판 마티, 2018, 18쪽.

117 "이상한 유언을 쓰다가"
박은정, 「풍경」, 『아무도 모르게 어른이 되어』,
문학동네, 2015.

122~123 "방학이 다른 계층의 청년들에게는"
"등록금을 위해 방학 때마다"
정수남·권영인·박건·은기수, 「'청춘' 밖의 청춘,
그들의 성인기 이행과 자아정체성: 빈곤 청년을
대상으로」, 『문학과사회』 통권 제12권, 2012.

123 "돈이 좀 많았으면 친구도"
최하영·이소민·이은형, 「빈곤 가구 청년의
자립과정과 빈곤을 벗어난 이후의 삶에 관한 사례
연구」, 『한국청소년연구』 제33권 제2호, 2022, 41쪽.

125 "빈곤한 식사는 쌓이고 쌓여"
권기석 외, 『매일 같은 밥을 먹는 사람들』, 북콤마,
2022, 201쪽.

128 나는 새는 중이었다
김혜순의 시 「가난」(『또 다른 별에서』, 문학과지성사,

1981)에 나오는 구절 "나는 새는 중이야"를 빌려 쓴다.

**136** "그런 '기분'도 구매할 수"
김애란, 「큐티클」, 『비행운』, 문학과지성사, 2012,
212쪽.

**137** "가난은 헤어나기 힘든 것이다"
대런 맥가비, 『가난 사파리: 하층계급은 왜
분노하는가』, 김영선 옮김, 돌베개, 164쪽.

**143** "책임을 피할 수 없는 것들을"
한유리, 『눈물에는 체력이 녹아 있어』, 중앙북스,
2022, 71쪽.

**144** "입사 후 처음 있는 출장이었다"
김애란, 「큐티클」, 『비행운』, 문학과지성사, 2012,
208쪽.

**144** "내 인생은 알바와 함께 흘러왔다"
김의경, 『청춘 파산』, 민음사, 2014, 21쪽.

**145** "그 대신 나는 내 그림자와 기분 좋은"
샤일라 오흐, 『2인조 가족』, 신홍민 옮김, 양철북,
2009, 15쪽.

**145** "진만이 정말 롱 패딩을 산 것은"

이기호, 「롱 패딩 장착기」, 『눈 감지 마라』, 마음산책,
2022, 126쪽.

**145** "뒤라스는 질병과 죽음, 가난과"

장영은, 『쓰고 싸우고 살아남다』, 민음사, 2020, 18쪽.

**145** "내 유년 시절 바람이"

기형도, 「바람의 집: 겨울 판화 1」, 『입 속의 검은 잎』,
문학과지성사, 1989.

**146** "구타와 악다구니와 꽃밭"

김승희, 「가난에 대하여」, 『현대시』 2022년 2월 호.

**146** "타임 리와인더를 쓰지"

구병모, 『위저드 베이커리』, 창비, 2009, 242쪽.

**146** "부자들이 제 돈 갖고"

박완서, 「도둑맞은 가난」, 『나목/도둑맞은 가난』,
민음사, 2005, 441쪽.

**150** 감면 금액은 월 상수도

「북구, 부산시에 조례 개정 건의해 '저소득층
상하수도 요금 감면' 혜택 '확대'」, 『영남신문』,
2021년 1월 7일.

안온

1997년생. 20여 년간 기초생활수급자로 살았다.
어렸을 적 꿈은 하루빨리 돈을 버는 사람이 되는 것이었다.
사실은 글을 쓰는 사람이 되고 싶었지만, 돈이 먼저였다.
스무 살 이후에는 언제나 글 쓰는 시간보다 돈 버는 시간이 길었고,
지금도 그렇다. 그 가난하고 지난한 날에서 지나간 불온을 기록하고자
이 책을 썼다.

# 일인칭 가난

그러나 일인분은 아닌

안온 지음

초판 1쇄 발행 • 2023년 11월 24일 ▐▌▌ 초판 4쇄 발행 • 2024년 10월 1일 ▶▶▶
ISBN • 979-11-90853-51-4 ▶▶▶ 발행처 • 도서출판 마티 ▐▌▌ 출판등록 • 2005년
4월 13일 ▐▌▌ 등록번호 • 제2005-22호 ▐▌▌ 발행인 • 정희경 ▐▌▌ 편집 • 서성진 ▐▌▌
디자인 • 동신사 ▶▶▶ 주소 • 서울시 마포구 잔다리로 101, 2층 (04003) ▐▌▌ 전화 •
02. 333. 3110 ▐▌▌ 이메일 • matibook@naver.com ▐▌▌ 홈페이지 • matibooks.com ▐▌▌
인스타그램 • matibooks ▐▌▌ 엑스 • twitter.com/matibook ▐▌▌ 페이스북 •
facebook.com/matibooks ▶▶▶ 이 도서는 한국출판문화산업진흥원의 '2023년
우수출판콘텐츠 제작 지원' 사업 선정작입니다.